READING
NORWEGIAN

EINAR HAUGEN

Spoken Language Services, Inc.

Library of Congress Cataloging in Publication Data

Haugen, Einar Ingvald, ed.
  Reading Norwegian

  Reprint of the 1940 ed. published by F. S. Crofts,
New York.
1. Norwegian language--Readers.   I.   Title.
PD2625.H35   1976   439.8'2'86421   75-24258
ISBN 0-87950-172-3

Spoken Language Services, Inc.
P.O. Box 783
Ithaca, New York 14850

PREFACE

The first aim of this book is to provide easy, pleasant, and profitable reading for beginning students of Norwegian. Anyone who has mastered the grammar and vocabulary of *Beginning Norwegian* should be ready to proceed without difficulty into the readings here presented. In this volume the student will find his Norwegian world expanding along with his mastery of vocabulary and idiom. He will learn something of the beliefs and superstitions that have been entertained by Norwegian people in ages past. He will find expressions of tender and homely sentiment, characteristic attitudes to life and death, all the elements that go to make a richly varied human life. He will see life in city and country as Norwegians themselves have seen it, from the eager anticipations of growing youth to the reminiscent tolerance of age. He is given a glimpse also of that extension of Norwegian life which has been lived by so many emigrants in America, and which has been ably depicted by emigrant authors.

Space and the limitations of vocabulary have made this view only an imperfect and partial one. It was more important that the selections should be easy and interesting than that they should be great literature. Some of their characteristic flavor has also been eliminated by the rewriting that was necessary to make them suitable for our use. But a flavor that depends on subtleties of style or on dialectal usage is incommunicable to the beginning student of language: he must learn the norm before he can appreciate the exception.

This problem of a norm is more difficult in Norwegian than in many other languages. On account of the general linguistic situation (briefly outlined in the introduction to *Beginning Norwegian*) the spelling is in a state of uncertainty and flux. At a conference of teachers of Norwegian in the Middle West on November 18, 1939, it was unanimously decided to adopt the new, official spelling of 1938. This was made necessary by the fact that all textbooks imported from Norway will be printed in this spelling. Unfortunately this spelling leaves many details to the judgment of the individual writer, which leads to much confusion and a variety of forms. In this book an attempt has been made to find a norm that would not differ too much from the traditional one, a spelling that will clearly reflect the new tendency toward dialect forms, but will not go wholly over into the camp of New Norse (Landsmål). Norway has long been split by a conflict between the two language norms of Dano-Norwegian and New Norse; it is the hope of the spelling reformers that by stages this conflict may be ironed out by a compromise between them. Hence the new forms that are found throughout this book: they are a step in the direction of a single, Norwegian language, based on native forms and expressing the speech of the common people. They are a testimonial to the intense democracy of Norwegian society. As these forms differ from those used in the current editions of *Beginning Norwegian*, they are gathered on a page preceding the vocabulary, and the teacher would do well to drill on them before starting the reading. To Americans of Norwegian descent many of the new forms will seem more familiar than the old: they have a broad basis in country dialects and folk speech.

Student and teacher alike should lay special stress, while reading this book, on the learning of words. All the 800 words of *Beginning Norwegian* are in the vocabulary, if not in the text. In addition, the text contains about 700 new words which are included in the vocabulary. Most of them occur at least twice in the text; in the word count (total of about 120,000 words) most of them occur from six to ten times. All these words are significant in further reading of Norwegian; they should be drilled so thoroughly as to become part of the student's permanent stock of words. They were selected to provide a maximum of reading value for the effort necessary to learn them. Class drill, questions and answers, simple sentences in Norwegian based on the reading, dramatization of the action, spelldowns and the like, are effective means of making words, idioms, and sentences a part of the student's living grasp of Norwegian.

In order to make these new and important words stand out more clearly, the text has been stripped of as many rare and unusual expressions as possible. Those that were indispensable to the continuity and charm of the story have been explained in footnotes on the page where they occur (along with other explanatory material). It is for the instructor to decide whether he wants his students to learn these expressions. They are not included in the vocabulary in the back, but they are explained each time they occur, unless they are repeated on the same or a following page. The student should be able to recognize their meaning in the context of the selections, but any further learning is at the teacher's discretion. Beginners should hardly be asked to learn them; they should rather concentrate on the more significant words in the vocabulary. In this way their progress will not be marred by too many irrational obstacles, and the pleasure of reading will not be as readily dulled.

The editor is grateful to the publishing houses of Aschehoug and Gyldendal for permission to use a number of the selections included, to Director Harald Grieg of Gyldendal for permission to use the classic illustrations of Kittelsen and Werenskiold, and to the authors Barbra Ring and Waldemar Ager for gracious consent to use their charming stories. He is grateful also for aid and suggestions freely rendered by friends and colleagues, but most of all by his wife, who both directly and indirectly has furthered the early appearance of the book.

E. H.

CONTENTS

I

I. EVENTYR OG SLIKT

When evenings lengthened and the fire flickered on the hearth, Norwegian country folk used to pass the time by telling each other stories like these. Some of them were grotesque and fantastic, while others stuck close to the everyday scene of life. Many odd and entertaining creatures appeared in them—animals, witches, magicians, giants, gods, and even devils. In the old days it did not occur to anyone that these stories might be worth writing down. But just a hundred years ago came two men whose childhoods had been enriched by them, Jørgen Moe and Peter Christen Asbjørnsen. These men did for Norway what the Grimm brothers had done for Germany. They saw clearly that these tales had grown out of the early beliefs and circumstances of their own people, that they led one into intimate contact with the most precious experiences of the nation, and that their simple charm and rich imaginative play could often be more artistic than the products of a more polished art. So they gathered as many of them as they could find into a book which has become one of the classics of Norwegian literature. No one knows how long these stories have been part of the Norwegian heritage; many of them are known from other countries as well, but all have been reshaped into a Norwegian likeness and enriched by some Norwegian story-teller's sense of humor. Only one of the stories that follow is definitely known to go back into pre-Christian days, the story of Thor. This was taken down in faraway Iceland many centuries ago, and shows that the belief in giants is a very ancient one. The Norwegians were aware that there were evil forces in the universe, but they also believed that with luck, ingenuity, and perseverance these forces could be overcome.

HAREN SOM HADDE VÆRT GIFT

Det var en gang en hare som var ute og gikk.[1] "Å, hurra,[2] hei og hopp!" skrek han, hoppet og sprang, og rett som det var, gjorde han et rundkast[3] bortover.

Så kom det en rev gående.

"God dag, god dag!" sa haren. "Jeg er så glad idag, for det jeg har vært gift, skal du vite," sa haren.

"Det var bra det da," sa reven.

"Å, det var ikke så bra heller, for hun var ikke så ganske ung, og så var hun både vrang og slem," sa han.

"Det var for galt det da," sa reven.

"Å, det var ikke så galt heller," sa haren, "for hun var rik—hun hadde ei[4] stue."

"Det var da bra det," sa reven.

[1] out walking. [2] [hura:] hurrah. [3] cartwheel. [4] **ei** see discussion of the new spelling, page 171.

3

"Å, det var ikke så bra heller," sa haren, "for stua brente opp, og alt det vi eide."

"Det var da riktig for galt," sa reven.

"Å, det var ikke så galt enda," sa haren, "for hun brente opp kjerringa og."

Folke-eventyr ved P. Chr. Asbjørnsen

RISEN¹ SOM IKKE HADDE NOE HJERTE PÅ SEG

Det var en gang en konge som hadde syv sønner, og dem holdt han så mye av at han aldri kunne la dem alle være borte på én gang: én måtte alltid være hos ham. Da de var voksne, skulle de seks ut og fri; men den yngste ville faren ha heime, og til ham skulle de andre ta med seg ei prinsesse² til kongsgården. Kongen ga da de seks de gildeste klær noen hadde sett, så det lyste lang vei av dem, og hver sin hest, som kostet mange, mange hundre daler, og så reiste de. Da de så hadde vært på mange kongsgårder og sett på prinsessene, kom de endelig til en konge som hadde seks døtre; så vakre kongsdøtre hadde de aldri sett, og så fridde de til hver sin, og da de hadde fått dem til kjærester, reiste de heimover igjen; men de glemte rent at de skulle ha med seg ei prinsesse til Askeladden³ som var igjen heime, så glade var de i kjærestene sine.

Da de nå hadde reist et godt stykke på heimveien, kom de tett forbi et bratt fjell, hvor risegården⁴ var. Der kom risen ut og fikk se dem, og så skapte han dem om til stein alle sammen, både prinsene⁵ og prinsessene.

Kongen ventet og ventet på de seks sønnene sine, men ingen kom. Han gikk og sørget, og sa han aldri kunne bli riktig glad mere; "hadde jeg ikke deg igjen," sa han til Askeladden, "ville jeg ikke leve, så sorgfull er jeg for det jeg har mistet brødrene dine."

"Men nå hadde jeg tenkt å be om lov til å reise ut og finne dem igjen, jeg," sa Askeladden.

¹ en **rise** giant (also called **troll**). ² [prin"sesə] princess. ³ The hero of the Norwegian fairy tales; the name refers to his practice in youth of loafing by the hearth and poking among the ashes. ⁴ en **risegård** a giant's farm or estate. ⁵ en **prins** prince.

"Nei, det får du ikke lov til," sa faren, "du blir bare borte, du også."

Men Askeladden ville endelig avsted, og han bad så lenge til kongen måtte la ham reise. Nå hadde kongen ikke annet enn en gammel fillehest[6] å la ham få, for de seks andre kongssønnene og følget deres hadde fått alle de andre hestene han hadde; men det brydde ikke Askeladden seg om; han satte seg opp på den gamle dårlige hesten, han. "Farvel, far!" sa han til kongen; "jeg skal nok komme igjen, og kanskje jeg skal ha med meg brødrene mine også," og dermed reiste han.

Da han hadde ridd et stykke, kom han til en ravn[7] som lå i veien og flakset[8] med vingene og ikke orket å komme unna, så sulten var den.

"Å kjære snille deg! Gi meg litt mat, så skal jeg hjelpe deg i din største[9] nød,"[10] sa ravnen.

"Ikke mye mat har jeg, og ikke ser du ut til å kunne hjelpe meg stort heller," sa kongssønnen; "men litt får jeg vel gi deg, for du kan nok trenge til det, ser jeg," og så ga han ravnen noe av maten han hadde fått med seg.

Da han så hadde reist et stykke igjen, kom han til en bekk; der lå en stor laks[11] på tørt land, som slo og hoppet og kunne ikke komme ut i vannet igjen.

"Å, kjære deg! hjelp meg ut i vannet igjen," sa laksen til kongssønnen; "jeg skal hjelpe deg i din største nød, jeg."

"Hjelpen *du* gir meg, blir vel ikke stor," sa kongssønnen; "men det er synd du skal ligge her og sulte[12] i hjel," og så skjøv han fisken ut i igjen.

Nå reiste han et langt, langt stykke, og så møtte han en ulv; den var så sulten at den lå flat på veien.

"Kjære deg! la meg få hesten din," sa ulven; "jeg er så sulten at det piper i maven på meg; jeg har ikke fått mat på to år."

"Nei," sa Askeladden, "det kan jeg ikke gjøre; først kom jeg til en ravn, ham måtte jeg gi maten min; så kom jeg til en laks, ham

---

[6] The prefix **fille-** means 'good-for-nothing.' [7] raven. [8] flapped. [9] from **stor**; see *Beginning Norwegian*, p. 141. [10] [nøːd] distress, need. [11] en **laks**, *pl.* **laks** salmon. [12] starve.

måtte jeg hjelpe ut i vannet igjen; og nå vil *du* ha hesten min. Det er ikke råd, for så har jeg ikke noe å ri på."

"Jo kjære, du må hjelpe meg," sa ulven; "du kan ri på meg, jeg skal hjelpe deg igjen i din største nød," sa den.

"Ja, den hjelpen jeg får av deg, blir vel ikke stor; men du får ta hesten da, siden du er så sulten," sa kongssønnen.

Da nå ulven hadde ett opp hesten, tok Askeladden bisselet[13] og bandt på den, og sålen[14] og la på ryggen av den, og nå hadde ulven blitt så sterk av det den hadde fått i seg, at den satte avsted med kongssønnen som ingenting; så fort hadde han aldri ridd før.

"Når vi nå har reist et lite stykke til, skal jeg vise deg rise-gården," sa ulven, og om litt kom de der. "Se her er risegården," sa den; "der ser du alle seks brødrene dine, som risen har gjort til stein, og der ser du de seks kjærestene deres; der borte er døra til trollet, der skal du gå inn."

"Nei, det tør jeg ikke," sa kongssønnen, "han tar livet av meg."

"Å nei," svarte ulven; "når du kommer inn der, treffer du ei kongsdatter; hun sier deg nok hva du skal gjøre, så du kan få slått i hjel risen. Bare gjør som hun sier deg, du!"

Ja, Askeladden gikk da inn, men redd var han. Da han kom inn, var risen borte; men i det ene værelset satt kongsdattera, slik som ulven hadde sagt, og så vakker ei pike hadde Askeladden aldri sett før.

"Å Gud hjelpe deg, hvordan er du kommet her da?" sa kongs-dattera da hun fikk se ham; "det blir din visse død det; den risen som bor her, kan ingen få slått i hjel, for han bærer ikke hjertet på seg."

"Ja, men er jeg kommet her, så får jeg vel prøve ham likevel jeg," sa Askeladden. "Og brødrene mine, som står i stein her utafor, vil jeg nok se til å redde, og deg vil jeg prøve å redde også," sa han.

"Ja, siden du endelig vil være, så får vi vel se å finne på ei råd," sa kongsdattera. "Nå skal du krype inn under senga der, og så må du høre vel etter hva jeg taler med ham om. Men ligg endelig stille."

---

[13] et **bissel** ['bissəl], *pl.* **bisler** bridle. [14] en **sål** saddle.

Ja, han krøp da under senga, og ikke før var han innunder,[15] så kom risen.

"Hu! det lukter så kristenmanns[16] lukt herinne!" sa risen.

"Ja, det kom en fugl flyvende med et mannebein[17] og slapp ned igjennom pipa," sa prinsessa; "jeg skyndte meg nok å få det ut, men lukten gikk vel ikke så snart bort likevel, den."

Ja, så sa ikke risen mer om det.

Da det nå ble kvelden, gikk de til sengs, og da de hadde ligget en stund, sa kongsdattera: "Det var én ting jeg gjerne ville spørre deg om, når jeg bare torde."

"Hva er det for en ting?" spurte risen.

"Det var hvor du har hjertet ditt henne, siden du ikke har det på deg," sa kongsdattera.

"Å, det er noe du ikke trenger bry deg med; men siden du vil vite det, kan jeg si deg at det ligger under dørhella,"[18] sa risen.

"Å hå! der skal vi vel se å finne det," tenkte Askeladden, som lå under senga.

Neste morgen stod risen svært tidlig opp og gikk til skogs,[19] og ikke før var han borte, så tok Askeladden og kongsdattera til å lete under dørhella etter hjertet hans; men alt det de grov og lette, så fant de ikke noe. "Den gangen har han narret oss," sa prinsessa, "men vi får vel prøve ham enda en gang." Så samlet hun alle de vakreste blomster hun kunne finne, og la rundt om dørhella— den hadde de lagt slik den skulle ligge; og da det led[20] mot den tia de ventet risen heim, krøp Askeladden under senga igjen.

Straks han var vel innunder, kom risen. "Huttetu![21] det lukter så kristenmanns lukt herinne!" sa risen.

"Ja, det kom en fugl flyvende med et mannebein i nebbet og slapp ned igjennom pipa," sa kongsdattera; "jeg skyndte meg nok å få det ut, men det er vel *det* det lukter av likevel." Så tidde risen

---

[15] underneath. [16] Christian man's (fairy tale phrase). [17] human bone (the form **bein** for **ben** is a popular form like **stein** for **sten**). [18] ei **dørhelle** step outside the door, usually a slab of stone. [19] The **-s** (possessive form) is due to the preceding **til**; cf. phrases like **til bords** at table, **til sjøs** at sea. [20] from **li** approach (in time). [21] exclamation of annoyance (here about like 'phew').

still, og sa ikke mer om det. Men om litt spurte han hvem det var som hadde lagt blomster på dørhella.

"Å, det er nok meg," sa kongsdattera.

"Hva skal nå det være til da?"[22] spurte risen.

"Å jeg har deg så kjær at jeg må gjøre det, når jeg vet at hjertet ditt ligger der," sa prinsessa.

"Ja så; men det ligger nå ikke der, du," sa risen.

Da de hadde lagt seg om kvelden, spurte kongsdattera igjen hvor hjertet hans var, for hun holdt så mye av ham at hun gjerne ville vite det, sa hun.

"Å, det ligger borti skapet der på veggen," sa risen.

"Ja så," tenkte Askeladden og kongsdattera, "da skal vi vel prøve å finne det."

Neste morgen var risen tidlig oppe og gikk til skogs igjen, og så snart han hadde gått, var Askeladden og kongsdattera i skapet og lette etter hjertet hans; men alt de lette, så fant de ikke noe der heller. "Ja ja, vi får da prøve en gang til," sa kongsdattera. Hun satte blomster på skapet og da det led mot kvelden, krøp Askeladden under senga igjen.

Så kom risen. "Huttetu! her lukter så kristenmanns lukt!" sa risen.

"Ja, for litt siden kom det en fugl flyvende med et mannebein i nebbet og slapp ned igjennom pipa," sa kongsdattera; "jeg skyndte meg nok å få det ut igjen jeg, men det er vel *det* det lukter av likevel."

Da risen hørte det, sa han ikke mer om det; men litt etter fikk han se at det var hengt blomster og kranser[23] rundt hele skapet, og så spurte han hvem det var som hadde gjort det.

Jo, det var da kongsdattera.

"Hva skal nå det narreriet[24] være til?" spurte risen.

"Å, jeg har deg nå alltid så kjær at jeg må gjøre det, når jeg vet at hjertet ditt ligger der," sa kongsdattera.

"Kan du være så gal å tro slikt?" sa risen.

"Ja jeg må vel tro det, når du sier meg det," sa kongsdattera.

---

[22] what's the purpose of that, anyhow?　[23] en **krans** wreath.　[24] **narreri** foolishness, tomfoolery (from **narre** to fool).

"Å, du er ei tulle,"[25] sa risen; "der hjertet mitt er, der kommer du aldri!"

"Men det var da moro å vite hvor det er henne likevel," sa prinsessa. Ja, så kunne risen ikke holde seg lenger, han måtte si det. "Langt, langt borte i et vann ligger ei øy," sa han; "på den øya står en kirke; i den kirken er en brønn;[26] i den brønnen svømmer ei and; i den anda er et egg, og i det egget—der er hjertet mitt, du."

Om morgenen tidlig, det var ikke lyst enda, gikk risen til skogs igjen. "Ja, nå får jeg avsted, jeg også," sa Askeladden; "bare jeg kunne finne veien!" Han sa da farvel til kongsdattera, og da han kom utafor risegården, stod ulven der enda og ventet. Til ham fortalte han det som hadde hendt inne hos risen, og sa at nå ville han avsted til brønnen i kirken, bare han visste veien. Så bad ulven ham sette seg på ryggen hans, for han skulle nok finne veien, sa han, og så bar det i vei så det suste om dem, over heier og åser, over berg og daler.

Da de nå hadde reist mange, mange dager, kom de til slutt til vannet. Det visste kongssønnen ikke hvordan han skulle komme over; men ulven bad ham bare ikke være redd, og så svømte han over til øya med kongssønnen på ryggen. Så kom de til kirken; men kirkenøkkelen hang høyt, høyt oppe på tårnet, og først visste kongssønnen ikke hvordan han skulle få den ned. "Du får rope på ravnen," sa ulven, og det gjorde da kongssønnen; og straks kom ravnen og fløy etter nøkkelen, så prinsen kom inn i kirken. Da han nå kom til brønnen, lå anda ganske riktig der og svømte fram og tilbake, slik som risen hadde sagt. Han stod og lokket og lokket, og til sist fikk han lokket den bort til seg og grep den. Men med det samme han løftet den opp av vannet, slapp anda egget ned i brønnen, og så visste Askeladden slett ikke hvordan han skulle få det opp igjen. "Ja nå får du rope på laksen," sa ulven; og det gjorde da kongssønnen; så kom laksen og hentet opp egget; og så sa ulven at han skulle klemme på det, og med det samme Askeladden klemte, skrek risen.

[25] silly (woman). [26] well.

"Klem en gang til," sa ulven, og da Askeladden gjorde det, skrek risen enda mer, og bad så vakkert for seg; han skulle gjøre alt kongssønnen ville, sa han, bare han ikke ville klemme i stykker hjertet hans.

"Si at hvis han skaper om igjen de seks brødrene dine som han har gjort til stein, og kjærestene deres, skal han berge livet," sa ulven, og det gjorde Askeladden.

Ja, det var trollet straks villig til; han skapte om igjen de seks brødrene til kongssønner og brudene deres til kongsdøtre.

"Klem nå i stykker egget," sa ulven. Så klemte Askeladden egget i stykker, og så sprakk risen.

Da han så var blitt kvitt risen, red Askeladden tilbake til risegården igjen; der stod alle seks brødrene hans med brudene sine, og så gikk Askeladden inn i berget etter sin brud, og så reiste de alle sammen heim igjen til kongsgården. Da ble det glede på den gamle kongen, da alle syv sønnene hans kom tilbake, hver med sin brud. "Men den deiligste av alle prinsessene er bruden til Askeladden likevel," sa kongen, "og han skal sitte øverst ved bordet med bruden sin."

Så ble det gjestebud både vel og lenge, og har de ikke sluttet, så holder de på enda.

Folke-eventyr ved Jørgen Moe

GUDBRAND I LIA

Det var en gang en mann som hette Gudbrand; han hadde en gård som lå langt borti ei li, og derfor kalte de ham Gudbrand i Lia. Han og kona hans levde så godt sammen og var så godt forlikte[1] at alt mannen gjorde, syntes kona var så velgjort at det aldri kunne gjøres bedre. De eide gården sin, og hundre daler hadde de liggende, og i fjøset to vakre kuer.

Men så sa kona en dag: "Jeg synes vi skulle reise til byen med den ene kua og selle henne, jeg, så vi kunne få oss noen skillinger. Vi er så bra folk at vi godt kan ha noen skillinger under hendene, liksom andre har. De hundre dalerne som ligger på kistebunnen

---

[1] **forlikt** [fɔr'likt] agreed.

tør vi ikke bruke, men jeg vet ikke hva vi skal med mer enn ei ku. Og litt vinner vi ved *det* også, at jeg slipper med å stelle *ei*, istedenfor at jeg har holdt på med to." Ja, det syntes Gudbrand var både vel og riktig talt; han tok kua og gikk til byen med og skulle selle den. Men da han kom til byen, var det ingen som ville kjøpe ku. Ja, ja, tenkte Gudbrand, så kan jeg gå heim med kua, jeg; fram og tilbake er like langt; og så ga han seg til å rusle heimover igjen.

Men da han hadde kommet et stykke på veien, møtte han én som hadde en hest han skulle selle, så syntes Gudbrand det var bedre å ha hest enn ku, og så byttet han med ham. Da han hadde gått et stykke lenger, møtte han en som gikk og drev en feit gris foran seg, og så syntes han det var bedre å ha feit gris enn hest, og byttet så med mannen. Han gikk et stykke til; så møtte han en mann med ei geit, og så tenkte han det var bedre å ha geit enn gris, og derfor byttet han med ham som hadde geita. Så gikk han et langt stykke, til han møtte en mann som hadde en sau; med ham byttet han, for han tenkte: det er alltid bedre å ha sau enn geit. Da han nå hadde gått en stund igjen, møtte han en mann med ei gås; så byttet han bort sauen med gåsa. Og da han hadde gått et langt stykke, møtte han en mann med en hane; med ham byttet han, for han tenkte som så: Det er alltid bedre å ha hane enn gås. Så gikk han til langt utpå dagen; men så tok han til å bli sulten, og så solte han hanen for tolv skilling og kjøpte seg mat for dem. "For det er da bedre å berge liv enn ha hane," tenkte Gudbrand i Lia.

Så gikk han videre heimover til han kom til nærmeste nabogården; der gikk han inn.

"Hvordan har det gått deg i byen?" spurte folkene.

"Å, det har nå gått så som så,"[2] sa Gudbrand i Lia, og dermed fortalte han det hele, hvordan det hadde gått fra først til sist.

"Ja *du* blir da vel tatt imot når du kommer heim til kjerringa di," sa mannen på gården. "Ikke ville jeg være i ditt sted."

"Jeg synes det kunne gått[3] mye galere, jeg," sa Gudbrand i Lia; "men enten det nå har gått vel eller dårlig, så har jeg så snill kjerring at hun aldri sier noe, hva[4] jeg så gjør."

---

[2] so-so. [3] could (have) gone; auxiliary **ha** omitted; see *BN*, Rule 62 (p. 169).
[4] **hva jeg så gjør** no matter what I do.

"Ja, det vet jeg visst, men ikke for det jeg tror det," sa naboen. "Skal vi vedde på det?" sa Gudbrand i Lia; "jeg har hundre daler liggende heime på kistebunnen, tør du holde likt imot?"

Ja, de veddet, og så ble han der til om kvelden; da det ble mørkt, ruslet de sammen bortover til gården hans Gudbrand.[5] Der ble naboen stående utafor døra og lytte, mens mannen sjøl gikk inn til kjerringa.

"God kveld," sa Gudbrand i Lia da han kom inn.

"God kveld," sa kona; "å gudskjelov er du der!"

Ja, han var da det.

Så spurte kona hvordan det hadde gått ham i byen.

"Å, så som så," svarte Gudbrand, "det er ikke akkurat noe å skryte[6] av. Da jeg kom til byen, var det ingen som ville kjøpe ku, så byttet jeg bort kua mot en hest, jeg."

"Ja det skal du riktig ha takk for, det," sa kona; "vi er så bra folk at vi kan kjøre til kirke, vi likså vel som andre, og når vi har råd til å holde hest, så kan vi vel kjøpe oss en.   Gå ned og sett inn[7] hesten, barn!"

"Ja," sa Gudbrand, "jeg har nok ikke hesten, jeg; da jeg kom et stykke på veien, byttet jeg den bort for en gris."

"Nei, å nei!" ropte kona, "det var da riktig som jeg selv skulle gjort det; det skal du ha takk for!   Nå kan vi få flesk[8] i huset, og noe å by folk, når de kommer heim til oss, vi og.   Hva skulle vi med hesten?   Så ville folk si vi var så store på det at vi ikke lenger kunne gå til kirke som før.   Gå ned og sett inn grisen, barn!"

"Men jeg har nok ikke grisen heller," sa Gudbrand; "da jeg kom et stykke lenger, byttet jeg den bort med ei mjølkegeit."

"Å nei, å nei, så vel du gjør allting!" ropte kona.   "Hva skulle jeg med grisen, når jeg riktig tenker meg om; folk hadde[9] bare sagt: der borte eter de opp alt de har; nei, nå har jeg geit, så får jeg både mjølk og ost, og geita beholder jeg enda.   Slipp inn geita, barn!"

"Nei, jeg har nok ikke geita heller, jeg," sa Gudbrand; "da jeg

---

[5] **gården hans Gudbrand** popular form for **Gudbrands gård.**   [6] **skryte, skrøt** or **skrytte, skrytt** boast.   [7] put in (the barn).   [8] pork.   [9] **hadde = ville ha;** see *BN,* Rule 62 (p. 169).

kom et stykke på veien, byttet jeg bort geita og fikk en fin sau isteden."

"Nei!" ropte kona, "du har gjort det akkurat som jeg skulle ønsket meg alt, akkurat som jeg sjøl skulle vært med. Hva skulle vi med geita? Jeg måtte klyve i berg og daler og få den ned igjen til kvelds. Nei, har jeg sau, kan jeg få ull og klær i huset, og mat også. Gå ned og slipp inn sauen, barn!"

"Men jeg har nok ikke sauen lenger, jeg," sa Gudbrand, "for da jeg hadde gått en stund, byttet jeg den bort mot ei gås!"

"Takk skal du ha for det," sa kona, "og mange takk også! Hva skulle jeg med sauen? Jeg har jo ingen rokk[10] og ikke bryr jeg meg om å slite med å lage klær heller; vi kan kjøpe klær nå som før. Nå får jeg gåseflesk,[11] som jeg lenge har ønsket meg, og nå kan jeg få dun[12] til den vesle puta mi. Gå ned og slipp inn gåsa, barn!"

"Ja, jeg har nok ikke gåsa heller, jeg," sa Gudbrand; "da jeg hadde kommet et stykke lenger på veien, byttet jeg den bort for en hane."

"Ikke vet jeg hvordan du har funnet på det alt," ropte kona; "det er alt sammen som jeg hadde gjort det selv. En hane! Det er det samme som du hadde kjøpt et åttedagsur;[13] for hver morgen galer[14] hanen klokka fire, så kan vi også stå opp i rette tid. Hva skulle vi vel med gåsa? Ikke kan jeg lage til[15] gåseflesket, og puta mi kan jeg jo fylle med noe annet. Gå ut og slipp inn hanen, barn!"

"Men jeg har nok ikke hanen heller jeg," sa Gudbrand; "da jeg hadde gått et stykke til, ble jeg riktig sulten, og så måtte jeg selle hanen for tolv skilling, for å berge livet."

"Nå gudskjelov for det!" ropte kona; "hvordan du steller deg, gjør du allting nettopp som jeg kunne ønsket det. Hva skulle vi også med hanen? Vi er jo våre egne herrer, vi kan ligge om morgenen så lenge vi vil. Gudskjelov—når jeg bare har fått igjen deg, som steller alt så godt, trenger jeg hverken til hane eller gås, hverken til gris eller ku."

[10] spinning wheel. [11] goose fat. [12] down. [13] eight-day clock. [14] **gale, gol, galet** crow. [15] **lage til** prepare.

Så lukket Gudbrand opp døra.

"Har jeg vunnet de hundre dalerne nå?" sa han, og det måtte naboen si at han hadde.

Folke-eventyr ved Jørgen Moe

DA TOR[1] REISTE TIL JOTUNHEIMEN[2]

Tor var navnet på den sterkeste og modigste av alle de gudene som folk trodde på i Norge før kristendommen[3] kom til landet. Det er fra Tor at torsdag har fått sitt navn. Han hette Tor fordi han var tordenguden,[4] og når det var uvær, da trodde folk at de hørte Tor kjøre over himlen. Han kjørte i ei vogn som ble trukket av to bukker, og hver gang han fikk øye på en av jotnene,[5] kastet han hammeren sin etter jotnen for å drepe ham. Den hammeren hette Mjølner og var slik laget at hver gang han hadde kastet den, kom den tilbake til hånda hans. Slik fór han stadig og sloss med jotnene for å hjelpe menneskene og gudene. Hvis han ikke hadde slåss mot jotnene, ville de snart ha gjort ende både på mennesker og guder. Folk trodde at alt det farlige i himlen og på jorden kom fra jotnene, og de takket Tor fordi de fikk lov å leve i fred og ro. Og de fortalte mange historier om alle de gangene Tor hadde slåss med jotnene. En av disse historiene forteller om dengang han reiste like til Jotunheimen, landet hvor jotnene bodde, og hvordan det gikk der.

Det var en gang han var ute og kjørte med bukkene sine. Han hadde Loke med seg, og om kvelden kom de til en gård. Her bad de om å få bli, og det fikk de lov til. Utpå kvelden skulle de spise, og Tor tok da og slo ihjel begge bukkene sine. Han bad kona på gården ta og koke dem, etter at han hadde tatt av skinnene med kniven sin. Da de var kokt, satte han seg til bords og bad bonden og kona og barna komme og spise med seg. Men først la han bukkeskinnene ved ilden og sa at bonden og hans folk skulle kaste

---

[1] Thor, the god of thunder in Old Norse mythology. [2] home of the giants, enemies of the gods; in modern times the name has been applied to a mountainous region in western Norway. [3] **kristendom** Christianity. [4] en **tordengud** god of thunder. [5] en **jotun**, *pl.* **jotner** giant, one of the shaggy, monstrous creatures, enemies of the gods, who personified the evil forces of the universe.

beina på dem når de hadde spist av kjøttet. For når de bare gjorde det, så stod bukkene opp igjen like friske neste morgen. Men bonden hadde en sønn som hette Tjalve, og denne gutten brydde seg ikke om hva Tor hadde sagt. Han tok et bein av bukken, åpnet det med kniven sin, og brøt ut margen.[6] Tidlig neste morgen stod Tor opp og kledde på seg. Så tok han hammeren sin og svingte den over bukkeskinnene. Bukkene stod da opp igjen, men en av dem var halt[7] på det ene bakbeinet. Nå kunne Tor skjønne at bonden eller en av de andre ikke hadde vært forsiktig med beina. Han ble forferdelig sint, og klemte så fast om hammeren at nevene ble aldeles hvite. En kan skjønne hvor redd bonden ble da han så dette. Bonden og hans folk falt på kne og bad Tor så vakkert de kunne om ikke å være sint. Han bød Tor alt han eide hvis han ville la ham slippe.

Da Tor fikk se hvor redde de var, ble han blid igjen og sa de skulle slippe, hvis bonden ville gi ham de to barna sine, sønnen Tjalve og dattera Roskva. Siden den tid har Tjalve og hans søster stadig fulgt Tor og tjent ham.

Tor lot bukkene stå hos bonden, og fortsatte reisen til Jotunheim. Han kom ut til et dypt hav. Der satte han over og gikk i land på den andre siden sammen med Loke og Tjalve og Roskva. Tjalve kunne løpe fortere enn noen annen mann; han ble satt til å bære matsekken. Snart kom de til en stor skog, og gikk gjennom den heile dagen, like til det ble mørkt. Så begynte de å lete etter et sted hvor de kunne ligge om natta. Til slutt fant de ei riktig stor stue, med dør på den ene siden som var like så brei som heile stua. Der gikk de inn og la seg til å sove.

Men midt på natta begynte jorda å skjelve så huset rystet og de ble alle vekket. De forsøkte å komme ut, men jorda gikk i bølger under dem, og Tor fant ei dør midt på den høyre veggen som førte ut til et lite hus ved siden av. Dit inn gikk de og satt resten av natta. Da det ble morgen, gikk Tor ut med hammeren i hånden. Der fikk han se en forferdelig stor mann som lå og sov og snorket. Da skjønte Tor hvor lyden hadde kommet fra om natta. Med det samme Tor skulle til å bruke hammeren på mannen, våknet han

[6] **marg** marrow.   [7] lame.

og satte seg opp. Tor torde ikke slå til, men spurte mannen hva han hette. "Jeg heter Skryme," sa mannen, "men jeg trenger ikke å spørre om ditt navn, for jeg vet at du er Tor. Men hva har du gjort av votten[8] min?" Skryme bøyde seg for å ta opp votten, og da så Tor at det han hadde sovet i om natta var votten til Skryme, og at sidehuset var tommelfingeren på votten.

Skryme spurte om Tor og de andre kanskje ville følge med ham. "Ja," svarte Tor. Først satte de seg alle til å spise og åt av hver sin matsekk. Siden foreslo Skryme at de skulle spise sammen. Det sa Tor ja til, og Skryme bandt all maten, både deres og sin, sammen i en sekk og bar den på ryggen. Heile dagen gikk han foran dem med svære skritt, så det var vanskelig for dem å følge med. Seint på kvelden valgte han et sted å sove på; det var under ei svær eik.[9] Han sa til Tor: "Her vil jeg legge meg til å sove. Men dere kan ta matsekken og spise av den."

Skryme sovnet straks og snorket høyt. Men da Tor tok sekken og skulle løse den opp, klarte han ikke å få den åpen. Da han så at det var umulig å få åpnet den, ble han sint, grep hammeren Mjølner med begge hender, tok et skritt fram og slo til Skryme i hodet. Skryme våknet og spurte om et blad hadde falt i hodet på ham. "Men nå har dere vel fått mat, og er ferdige til å sove," sa han. "Ja," sa Tor, "nå er vi ferdige til å legge oss." Så gikk de hen under ei anna eik; men de torde slett ikke sove.

Midt på natta hørte Tor at Skryme snorket igjen, så skogen rystet. Da stod Tor opp, løftet hammeren høyt og slo den midt i hodet på Skryme så at hammeren sank dypt ned i. I det samme våknet Skryme og sa: "Hva er det nå? Jeg syntes ei eikenøtt[10] falt i hodet på meg? Men hva er det du gjør, Tor?" Tor skyndte seg bort og sa at han nettopp hadde våknet. Det var midt på natta enda og det var tid til å sove enda en stund. "Kunne jeg bare gi ham et slag til," tenkte Tor, "så skulle han aldri se dagens lys igjen." Han passet på til Skryme hadde sovnet igjen, og litt før dag løp han bort til ham, svingte hammeren av all sin kraft og slo Skryme midt i hodet så hammeren sank helt ned i. Men

---

[8] en **vott** [vɔtt], mitten (without separate spaces for the fingers other than the thumb).   [9] oak.   [10] acorn.

Skryme satte seg opp, strøk seg om kinnet og sa: "Er det så at det
sitter fugler i treet over meg? Jeg syntes det falt noe fra treet
ned i hodet på meg. Men er du alt våken, Tor? Det er nok tid
til å stå opp nå. Det er ikke langt igjen før dere kommer til
Utgard[11] i Jotunheim. Jeg har hørt dere hviske til hverandre at
jeg ikke var så riktig liten. Men dere skal nok få se større menn
når dere kommer til Utgard. La meg si dere dette: Vær ikke for
kry[12] når dere kommer inn til jotnene. Kongen der, Utgarde-Loke,
tåler ikke slikt av sånne smågutter som dere. Ellers får dere vende
om, og det tror jeg er det beste for dere. Men vil dere endelig
fram, så gå mot øst. Jeg må nå ta veien nordover til de fjellene
dere ser der borte."

Dermed tok Skryme matsekken og kastet den på ryggen. Han
forsvant inn i skogen, og det fortelles ikke at gudene ønsket ham
vel møtt igjen.

Tor og de andre gikk framover like til middag; da så de en borg[13]
ligge foran seg, og den var så høy at de måtte bøye nakken like
bakover på ryggen for å se over den. Det var et høyt gjerde
omkring, og de kunne ikke åpne grinda, så de måtte krype under.
Så fikk de se en stor hall[14] og dit gikk de. Døra stod åpen, og de
gikk inn. Der fikk de se mange riktig store menn som satt på to
benker, en på høyre og en på venstre side av hallen. Der satt også
kongen selv, Utgarde-Loke, og de hilste på ham. Men han smilte
og spurte om den lille gutten virkelig var Tor; han hadde aldri
trodd han kunne være så liten. "Men kanskje du er større enn
du ser ut," sa han. "Vi skal prøve og se hva du kan gjøre. For
ingen kan bli her hos oss som ikke kan gjøre ett eller annet[15] bedre
enn noen annen."

Loke, som hadde fulgt med Tor, sa straks: "En ting kan jeg
som jeg er ferdig til å vise fram med én gang; det er visst ingen her
som kan spise fortere enn meg." "Det skal vi straks prøve,"
svarte Utgarde-Loke og ropte utover mot enden av benken. Han
bad en mann som het Loge å komme fram på golvet for å spise

[11] [u:tga:r] the world of mist and darkness where the giants lived, according
to Norse mythology. [12] stuck-up. [13] [bɔrg] castle, fortress. [14] hall. [15] some-
thing or other.

med Loke. Det ble båret inn et stort trau[16] fullt av kjøtt og satt på golvet. Loke og Loge satte seg ved hver sin ende og åt av alle krefter. De møttes midt i trauet; da hadde Loke spist opp alt kjøttet, men Loge hadde ett opp både kjøttet og beina og trauet med. Så hadde Loge vunnet.

Utgarde-Loke spurte nå Tjalve: "Hva kan den unge mannen der?" Tjalve svarte at han kunne løpe fortere enn noe annet menneske. "Da må du være snar på foten," sa Utgarde-Loke, og bad en liten kar ved navn Huge å løpe mot Tjalve. Første gang de løp kom Huge så langt foran at ved enden vendte han seg om da Tjalve kom løpende. Da sa Utgarde-Loke: "Du må nok løpe fortere, Tjalve, skal du vinne her. Men det er sikkert at ingen har kommet hit som kunne gjøre det bedre enn deg." Annen gang kom Huge til enden og vendte seg om, og da var det et langt stykke til Tjalve. "Det er godt løpet," sa Utgarde-Loke, "men jeg tror knapt at Tjalve vinner, selv om dere prøver tredje gang." De løp igjen, og da Huge var ferdig og snudde seg om igjen, var Tjalve ikke engang halvveis. Alle mente nå at denne leken var nok prøvd.

"Hva vil du vise oss nå, Tor," sa Utgarde-Loke, "vi har hørt så mye om deg og alt det store du skal ha gjort." "Jeg skal vise dere hvor mye jeg kan drikke," sa Tor. "La så være," sa Utgarde-Loke, gikk inn i hallen og bad en av mennene sine bringe inn det store hornet[17] som de pleide å drikke av når de ville prøve seg. "Vi synes det er godt drukket," sa Utgarde-Loke, "om noen kan drikke ut dette hornet første gang; noen drikker det ut i to drag;[18] men ingen er så liten kar at han ikke kan drikke det tomt i tre."

Tor så på hornet; han syntes ikke at det var stort akkurat, men ganske langt. Allikevel, han var svært tørst, satte det for munnen, og drakk alt han orket. Han trodde ikke han skulle trenge å bøye seg over hornet mer enn en gang. Men da han var ferdig og skulle se på hornet, syntes han at det nesten ikke var noe lavere i hornet enn før. "Du har drukket godt," sa Utgarde-Loke, "men ikke altfor mye. Og jeg hadde nå slett ikke trodd at Tor ikke kunne drikke mer enn det. Men jeg tenker nok at det blir tomt neste

---

[16] trough, wooden vessel for eating.   [17] [ho:rn] horn (here a cattle horn hollowed out and used for drinking).   [18] et **drag** swallow, draft, "swig."

gang." Tor svarte ikke, men satte hornet for munnen og drakk av alle krefter; allikevel ville ikke enden på hornet opp så høyt som den skulle. Og da han tok hornet av munnen, syntes han det hjalp enda mindre enn første gang; likevel kunne de nå bære det uten å spille.[19] "Vil du drikke tredje gang, Tor, så har du gjemt det meste til slutt. Men er du ikke bedre i andre leker enn i denne, så kan vi ikke kalle deg en stor mann, slik som gudene gjør heime hos dere."

Da ble Tor sint. Han satte hornet for munnen, og drakk så lenge og så hardt som han på noen mulig måte kunne. Da han skulle se i hornet, var det såvidt han kunne se at det hadde sunket litt; men nå ville han ikke drikke mere.

"Det er lett å se," sa Utgarde-Loke, "at du slett ikke er så sterk som vi trodde. Men vil du nå prøve noe annet, siden det gikk så dårlig med denne leken?" "Å ja," sa Tor, "men underlig skulle det være om de heime hos oss ville kalle dette dårlig drukket." "Våre unge gutter kaller det en lek å løfte katten min fra jorda," sa Utgarde-Loke. "Det er ikke noe vanskelig, og jeg hadde aldri foreslått slikt for Tor, om jeg ikke hadde sett at du var mindre kar enn vi trodde."

I det samme løp en grå, ganske stor katt fram på golvet. Tor gikk bort og grep med hånda midt under den og løftet den opp. Men jo høyere han løftet den, jo mere bøyde katten seg, og da Tor hadde strakt hånden opp så langt han kunne, løftet katten bare på den ene foten. Så Tor fikk ikke gjort denne leken heller.

Da sa Utgarde-Loke: "Denne leken gikk som jeg ventet. Katten er for stor for slik en lav og liten kar, her hvor folket er så stort og sterkt." "Så liten som dere sier jeg er," sa Tor, "la en av dere komme og ta tak[20] med meg, for nå er jeg sint." "Jeg ser ingen mann her," sa Utgarde-Loke, "som ikke ville synes det var lite å ta tak med deg." Han så nedover benkene. "Men jeg skal kalle inn den gamle kjerringa, fostermor[21] mi, Elle. Henne kan Tor ta tak med, om han vil. Hun har klart seg mot menn som ikke var mindre sterke enn Tor."

Da kom det ei gammel kjerring inn i hallen, og Utgarde-Loke sa

[19] **spille, spilte, spilt** spill.   [20] **ta tak** wrestle.   [21] foster mother.

at hun skulle ta tak med Tor.   Men jo hardere Tor tok fatt i henne, jo fastere stod hun.   Til slutt mistet Tor taket sitt og falt i kne med den ene foten.   Da gikk Utgarde-Loke til og bad dem stanse. "Nå er det nok," sa han, "jeg tror ikke at Tor vil by flere her inne å ta tak med seg."   Så viste han Tor og de andre til bordet, hvor de alle satt og åt.   De ble der om natta, og det ble stelt godt for dem.

Om morgenen, så snart det ble dag, stod de opp, kledde seg og gjorde seg ferdige til reisen.   Utgarde-Loke fulgte dem ut.   Da de skulle skilles, spurte han Tor hva han syntes om reisen sin.   Tor sa han syntes det hadde gått dårlig, og han likte det slett ikke at de hadde kalt ham en liten mann.

Da sa Utgarde-Loke: "Nå skal jeg si deg sannheten, siden du er kommet ut av hallen min, og kanskje det kan trøste deg.   Men du skal aldri komme inn i den igjen med min vilje, så lenge jeg lever og rår.   Heller ikke skulle du ha fått lov til å komme inn om jeg hadde tenkt at du var så sterk; for du hadde nær brakt oss i ei ulykke.   Men jeg har gjort hva jeg kunne for å narre dere.

"Det var meg dere traff i skogen.   Da du skulle løse matsekken, hadde jeg bundet den med hekseband,[22] så at du ikke fant hvor du skulle løse den.   Så slo du meg tre ganger med hammeren.   Det første slaget var minst, og allikevel var det så hardt at du ville drept meg, hadde jeg ikke skutt et stort berg mellom meg og hammeren uten at du så det.   Du så det berget her ved hallen min, og det var tre daler i det, den ene dypere enn den andre, der hvor hammeren traff.   Så var det også med lekene i hallen.   Loke var sulten og åt godt; men Loge var ilden, og derfor brente han kjøtt og trau på én gang.   Den Huge som Tjalve løp med var min egen tanke; den må jo alltid løpe fortere enn alt annet.   Det som du drakk av hornet var så mye at jeg knapt trodde mine egne øyne; for den andre enden lå ute i havet, og når du nå ser på havet, vil du legge merke til hvor mye det er sunket; det kalles nå fjære.

"Da du løftet katten med den ene foten, ble vi alle redde.   For denne katten var Midgardsormen,[23] som ligger rundt jorda.   Men du løftet den så høyt at det var bare såvidt den rørte jorda med

---

[22] magic band. [23] the Midgard serpent, a mythical beast supposed to be coiled round the earth.

hode og hale på en gang, og du holdt den like opp mot himlen. Da du tok tak med Elle, var det også underlig at du ikke falt mere enn i kne med den ene foten. For Elle, det er alderen, og det er ingen som hun ikke får til å falle når han blir gammel. "Nå skal vi skilles, og det er best for oss begge om dere ikke kommer igjen. For en annen gang skal jeg også vite å redde meg med slike og andre kunster, så dere ikke vinner over meg."

Da Tor hørte denne talen, grep han hammeren og svingte den i lufta og ville slå Utgarde-Loke ihjel. Men med ett var han borte. Tor så sig omkring etter hallen, men den var også borte. Alt var forsvunnet, og Tor måtte dra heimover igjen.

Fra Snorre Sturlasons *Edda*

SMEDEN SOM DE IKKE TORDE SLIPPE INN I HELVETE[1]

Engang i de dager da Vårherre og St. Peter gikk og vandret på jorda, kom de til en smed. Han hadde gjort kontrakt[2] med fanden[3] om at han skulle høre ham til om syv år, hvis han den tiden kunne få være mester over alle mestrer i smedkunst; og den kontrakten hadde både han og fanden skrevet navnet sitt under. Derfor hadde han også satt med store bokstaver over smiedøra:[4] "Her bor mesteren over alle mestrer!"

Da Vårherre kom og fikk se det, gikk han inn.

"Hvem er du?" sa han til smeden.

"Les over døra," svarte smeden; "men kanskje du ikke kan lese skrift, så får du vente til det kommer en som kan hjelpe deg."

Før Vårherre fikk svart ham, kom det en mann med en hest, som han bad smeden sko for seg.

"Kunne ikke jeg få lov å sko den," sa Vårherre.

"Du kan prøve," sa smeden; "galere kan du nå ikke få gjort det, enn jeg kan få det riktig igjen."

Vårherre gikk da ut og tok det ene beinet av hesten, la det i smieavlen[5] og gjorde skoen gloende,[6] og da han var ferdig, så satte han beinet helt og holdent[7] på hesten igjen; så tok han av det andre

---

[1] et **helvete** hell. [2] en [kontrakt] contract. [3] [fa:ən] the devil. [4] (**smie** + **dør**) door of the blacksmith shop. [5] en **smieavl** blacksmith's forge. [6] [glo:ənə] glowing, red-hot. [7] complete, all at once.

forbeinet og gjorde det samme; da han hadde satt på igjen det også, tok han bakbeina, først det høyre, så det venstre, la dem i avlen, gjorde skoen gloende, og satte så beinet på hesten igjen.

Imens stod smeden og så på ham. "Du er ikke så dårlig smed du," sa han.

"Synes du det," sa Vårherre.

Litt etter kom mor til smeden bort og bad ham komme heim og spise middag; hun var riktig gammel, fælt kroket i ryggen og rynket i ansiktet, og det var bare såvidt hun kunne gå.

"Legg nå merke til det du ser," sa Vårherre; han tok kona, la henne i smieavlen og smidde ei vakker ung jente av henne.

"Jeg sier som jeg har sagt, jeg," sa smeden, "du er slett ikke noen dårlig smed. Det står over døra mi: Her bor mesteren over alle mestrer; men enda sier jeg bent ut: en lærer så lenge en lever," og dermed gikk han fram til gården og spiste middag.

Da han vel var kommet tilbake til smia[8] igjen, kom det en mann ridende, som ville ha skodd hesten sin.

"Det skal snart være gjort," sa smeden; "jeg har nettop nå lært en ny måte å sko på; den er god å bruke når dagene er korte." Og så tok han til å skjære og bryte så lenge til han fikk av alle heste-beina; "for jeg vet ikke hvorfor en skal gå og pusle[9] med ett og ett,"[10] sa han. Beina la han i smieavlen, slik som han hadde sett Vårherre gjorde, la mye kull på, og lot smedguttene[11] dra i belg-stanga.[12] Men så gikk det som en kunne vente: beina brente opp, og smeden måtte betale hesten. Dette likte han ikke noe videre. Men i det samme kom ei gammel fattigkjerring gående forbi, og så tenkte han: lykkes ikke det ene, så lykkes vel det andre, tok kjerringa og la henne i avlen, og alt hun gråt og bad for livet, så hjalp det ikke: "du skjønner ikke ditt eget beste, så gammel du er," sa smeden; "nå skal du bli ei ung jente igjen på et øyeblikk, og enda skal jeg ikke ta så mye som en øre for arbeidet." Det gikk da ikke bedre med kjerringa, stakkar, enn med hestebeina.

"Det var dårlig gjort det," sa Vårherre.

---

[8] ei **smie** blacksmith shop.   [9] **pusle, -t** putter around.   [10] **ett og ett** one at a time.   [11] en **smedgutt** blacksmith's helper.   [12] ei **belgstang** bellows pole.

"Å, det er vel ikke mange som spør etter henne," svarte smeden. "Men det er skam av fanden: det er bare såvidt han holder det som står skrevet over døra."

"Hvis du nå kunne få tre ønsker av meg," sa Vårherre, "hva ville du så ønske deg?"

"Prøv meg," svarte smeden, "så kanskje du får vite det." Vårherre ga ham da de tre ønskene.

"Så vil jeg først og fremst ønske at den jeg ber klyve opp i det pæretreet[13] som står her ute ved smieveggen,[14] må bli sittende der til jeg selv ber ham komme ned igjen," sa smeden; "for det andre vil jeg ønske at den jeg ber sette seg i armstolen som står derinne, må bli sittende i den til jeg selv ber ham stå opp igjen; og endelig vil jeg ønske at den jeg ber krype inn i denne pungen[15] jeg har i lommen, må bli derinne til jeg selv gir ham lov til å krype ut igjen."

"Du ønsket som en dårlig mann," sa St. Peter: "først og fremst burde du ha ønsket deg Guds nåde[16] og vennskap."

"Jeg torde ikke ta så høyt til,[17] jeg," sa smeden. Så sa Vårherre og St. Peter farvel, og gikk videre.

Tia gikk, og så en dag kom fanden, slik som det stod i kontrakten, og skulle hente smeden.

"Er du ferdig nå?" sa han, han stakk nesen inn igjennom smiedøra.

"Å, jeg skulle så nødvendig ha slått hode på denne spikeren først," svarte smeden; "kryp du opp i pæretreet og plukk deg ei pære;[18] du kan være både tørst og sulten etter den lange veien."

Fanden takket og krøp opp i treet.

"Ja, når jeg nå tenker meg om," sa smeden, "så får jeg slett ikke slått hode på denne spikeren i de første fire årene, for det er fælt så hardt jern; ned kan du ikke komme i den tia, men du får sitte og hvile deg så lenge."

Fanden bad så pent at han måtte få lov til å komme ned igjen, men det hjalp ikke. Til sist måtte han da love at han ikke skulle komme igjen før de fire årene var gått, som smeden hadde sagt.

"Ja, så kan du komme ned igjen," sa smeden.

[13] the pear tree. [14] the smithy wall. [15] en **pung** [poŋŋ] purse. [16] en **nåde** grace. [17] **ta så høyt til** aim so high. [18] pear.

Da nå tia var ute, kom fanden igjen for å hente smeden. "Nå er du vel ferdig?" sa han; "nå synes jeg du kunne ha slått hode på spikeren."

"Ja, hode har jeg nok fått på den," svarte smeden; "men likevel kom du et lite grann for tidlig, for odd[19] har jeg ikke fått enda; så hardt jern har jeg aldri smidd før. Mens jeg slår odd på spikeren, kunne du sette deg i armstolen min og hvile deg, for du er vel trett, kan jeg tenke."

"Takk som byr,"[20] sa fanden og satte seg i armstolen; men ikke før var han kommet til hvile, så sa smeden igjen, at når han tenkte seg om, så kunne han slett ikke få odd på før om fire år. Fanden bad først vakkert om å slippe av stolen, og siden ble han sint og tok til å true; men smeden unnskyldte seg det beste han kunne, og sa at det var jernet som var skyld i det, for det var så forferdelig hardt, og trøstet fanden med at han satt så godt i armstolen, og om fire år skulle han slippe, akkurat på minuttet. Det var ingen annen råd: fanden måtte love at han ikke skulle hente smeden før de fire årene var forbi; og så sa smeden: "Ja, så kan du reise deg igjen," og fanden avsted det forteste han kunne.

Om fire år kom fanden igjen for å hente smeden.

"Nå er du da ferdig, vet jeg?" sa fanden, han stakk nesen inn gjennom smiedøra.

"Fiks[21] og ferdig," svarte smeden, "nå kan vi reise *når* du vil. Men—du," sa han, "det er én ting jeg har stått her lenge og tenkt jeg ville spørre deg om: er det sant, det de forteller, at fanden kan gjøre seg så liten han vil?"

"Ja visst er det sant!" svarte fanden.

"Å, så kunne du gjerne være så snill å krype inn i denne pungen og se etter om den er hel i bunnen," sa smeden; "jeg er så redd jeg skal miste reisepengene mine."

"Gjerne det," sa fanden, han gjorde seg liten og krøp inn i pungen. Men ikke før var fanden inni, så smekket[22] smeden pungen igjen.

"Jo, den er hel og tett allesteds," sa fanden i pungen.

[19] [ɔdd] point. [20] thanks for the offer (a common phrase). [21] **fiks og ferdig** all ready. [22] **smekke** smack.

"Ja, det er bra nok du sier det," svarte smeden, "men det er bedre å være føre²³ var enn etter snar; jeg vil like så godt smi litt på den, bare for sikkerhets skyld," sa han, og dermed la han pungen i avlen.²⁴

"Å! au! er du gal! vet du ikke *jeg* er inni pungen da?" ropte fanden.

"Ja, jeg kan ikke hjelpe deg," sa smeden; "de sier for et gammelt ord:²⁵ en får smi mens jernet er varmt,"—og så tok han storslegga,²⁶ la pungen på steet,²⁷ og slo løs på den alt han orket.

"Au, au, au!" skrek fanden i pungen; "kjære vene!²⁸ la meg bare slippe ut, så skal jeg aldri komme igjen mer!"

"Å ja, nå tror jeg nok den er bra smidd," sa smeden; "så kan du komme ut igjen da." Dermed lukket han opp pungen, og fanden avsted så fort at han ikke torde se seg tilbake engang.

Men en tid etter kom smeden til å tenke på at han nok hadde stelt seg dumt, da han gjorde seg uvenner med fanden; "for skulle jeg nå ikke komme inn i himlen," tenkte han, "er det fare for at jeg kan bli husvill,²⁹ siden jeg er uvenner med ham som rår over helvete." Han mente da det var best å prøve å komme inn enten i helvete eller i himmerike,³⁰ likså godt først som sist, så han kunne vite hvordan han hadde det, og så tok han slegga³¹ på nakken og ga seg på veien.

Da han nå hadde gått et godt stykke, kom han til korsveien³² der veien til himmerike deler seg fra den som går til helvete; der nådde han igjen en skredder,³³ som gikk avsted med pressejernet³⁴ i hånden.

"God dag," sa smeden, "hvor skal du hen?"

"Til himmerike, om jeg kunne komme inn der," svarte skredderen; "enn du?"

"Å, vi får nok ikke langt følge, vi da," svarte smeden; "jeg har

---

²³ **bedre føre var enn etter snar** (lit. better careful before than hasty afterwards) a stitch in time saves nine. ²⁴ **en avl** forge. ²⁵ an old saying. ²⁶ **ei storslegge** big sledge hammer. ²⁷ **et ste** anvil. ²⁸ see vocabulary under **kjære** *exclam.;* "pretty please." ²⁹ homeless. ³⁰ **et** (**himmel + rike**) (kingdom of) heaven. ³¹ **ei slegge** sledge hammer. ³² the crossroads. ³³ tailor. ³⁴ the pressing iron.

nå tenkt å prøve i helvete først, jeg, for jeg har litt kjennskap[35] til fanden fra før."

Så sa de farvel og gikk hver sin vei; men smeden var en stor, sterk kar, og gikk langt fortere enn skredderen, og så varte det ikke lenge før han stod for porten i helvete. Han lot vakten[36] melde seg og si at det var én utafor som gjerne ville tale et ord med fanden. "Gå ut og spør hva det er for én," sa fanden til vakten, og det gjorde han.

"Hils fanden og si at det er smeden som hadde den pungen han vet nok," svarte mannen, "og be ham så vakkert at jeg får slippe inn straks, for først har jeg smidd idag like til middag, og siden har jeg gått den lange veien."

Da fanden fikk høre dette, befalte han vakten å låse igjen alle ni låsene på porten i helvete, "og sett enda på ei hengelås[37] til," sa fanden; "for kommer *han* inn, gjør han ugreie[38] i heile helvete."

"Det er ingen hjelp å få her da," sa smeden ved seg selv, da han så at de låste porten bedre til; "så får jeg vel prøve i himmerike." Og dermed snudde han, og gikk tilbake til han nådde korsveien igjen; der tok han den veien skredderen hadde gåt..

Da han nå var sint for den lange veien han hadde gått fram og tilbake til ingen nytte, gikk han alt han orket, og nådde porten til himmerike med det samme St. Peter åpnet litt på den, såvidt at den tynne skredderen kunne få klemt seg inn. Smeden var enda en seks syv skritt fra porten. "Her er det nok best å skynde seg," tenkte han, grep slegga og kastet i døråpninga med det samme skredderen slapp inn. Men slapp ikke smeden inn der, så vet jeg ikke *hvor* han er blitt av.

Folke-eventyr ved Jørgen Moe

TOMMELITEN

Det var engang ei kone som hadde en eneste sønn, og han var ikke lenger enn en tommelfinger; derfor kalte de ham også Tomme-liten.[1] Da han var blitt gammel nok, sa mora til ham at han

---

[35] acquaintance.   [36] en **vakt** guard.   [37] padlock.   [38] [uːgreiə] trouble.
[1] [tɔmə'liːtn] Tom Thumb.

skulle ut og fri; for nå syntes hun han skulle begynne å tenke på å gifte seg.

Da Tommeliten hørte det, ble han glad. De fikk fatt i hest og vogn og reiste avsted, og mora satte ham på fanget. Så skulle de reise til en kongsgård hvor det var slik ei fin prinsesse; men da de var kommet et stykke på veien, ble Tommeliten borte. Hun lette lenge etter ham og ropte på ham, og gråt fordi hun ikke kunne finne ham igjen. "Pip, pip!" sa Tommeliten, han hadde gjemt seg i manen² på hesten. Så kom han fram og måtte love mora at han ikke skulle gjøre det oftere.

Da de hadde kjørt et stykke til, så var Tommeliten borte igjen. Hun lette etter ham, ropte og gråt; men borte var han. "Pip, pip!" sa Tommeliten, og hun hørte at han lo og kniste;³ men hun kunne slett ikke finne ham igjen. "Pip, pip, her er jeg da," sa Tommeliten og kom fram av øret på hesten. Så måtte han love at han ikke skulle gjemme seg oftere; men da de hadde kjørt et stykke, så var han borte igjen; han kunne ikke annet. Mora, hun lette og gråt og ropte på ham; men han var borte og ble borte, og alt hun lette, kunne hun ikke finne ham på noen måte. "Pip, pip, her er jeg da," sa Tommeliten. Men hun kunne slett ikke skjønne hvor han var, for det var så utydelig. Hun lette, og han sa: "Pip, her er jeg" og lo og moret seg fordi hun ikke kunne finne ham igjen. Men rett som det var, så nøs⁴ hesten, og så nøs den Tommeliten ut; for han hadde satt seg i det ene neseboret⁵ på den. Mora tok ham nå og gjemte ham i en pose; hun visste ingen annen råd; for hun skjønte at han ikke kunne være annet enn det han var.

Da de kom til kongsgården, så ble det snart forlovelse;⁶ for prinsessa syntes han var en vakker liten gutt, og det varte ikke lenge før det ble bryllup heller.

Da de skulle spise middag i bryllupet, så satt Tommeliten til bords ved siden av prinsessa; men da han skulle til å spise, kunne han ikke nå opp, og hadde visst ikke fått en bit, hadde ikke prinsessa tatt og hjulpet ham opp på bordet.

² en **man** mane.   ³ **knise** titter.   ⁴ **nyse, nøs, nøset** sneeze.   ⁵ et **nesebor** nostril.
⁶ en [fɔr'lɔ:vəlsə] engagement.

Nå gikk det både godt og vel så lenge han kunne spise av taller-ken;[7] men så kom det inn et stort, stort grautfat; det kunne han ikke nå opp i. Men Tommeliten visste råd; han satte seg på kanten. Men så var det et smørøye[8] midt ute i fatet; det kunne han ikke rekke, og så måtte han sette seg ute på kanten av smørøyet. Men rett som det var, kom prinsessa med en stor skje graut og skulle dyppe den i smøret, og så kom hun nær Tommeliten, så han falt ned og druknet i smørøyet.

Folke-eventyr ved P. Chr. Asbjørnsen

[7] en [ta'lærkən] plate.   [8] [smørrøyə] dab of butter in middle of porridge, allowed to melt

II

II. PEIK. FORTELLING AV BARBRA RING

All along the southern rim of Norway there lies a band of sleepy little towns which come to life only during the tourist season, when there is an exodus of big-city people to the little coves, reefs, and bathing beaches of the southern coast. Peik, the hero of our story, was born in such a little hamlet, one that was not even big enough to have a pier for the steamships that docked in its harbor. Yet Peik's heart was deeply attached to this place, and above all to his friend and hero, the cab driver Ondursen. It was a rude shock to be taken to the big city and to be parted from his hero—all at the tender age of six. Peik survived, however, and even found a new friend in his adoptive father, the old bachelor professor. There is genuine character analysis, and a very potent charm, in the story of the professor and the impulsive little lad who came to upset his accustomed calm. The story was written about 1910 and taken right out of contemporary life, an age when motion pictures and streetcars and automobiles were still new and fascinating. The author, who now is a charming lady of seventy, has written many other books, both about children and about grown-ups, among them a sequel to the present story, with more of Peik's adventures. She confesses to having made the accompanying drawings herself, because no professional artist seemed to get into the spirit of the thing; no one could guess that they are not a genuine product of her young hero.

PEIK

av Barbra Ring

1

Han stod på kne på den våte benken og stirret ut i mørket etter lysene i land på begge sider av skipet. Han lekte at han var den stumme[1] faren til Per Fisker—for han hadde ingen å snakke med. Den gule sydvesten, som alltid hadde vært for stor, hadde rullet seg opp i nakken og samlet seg full av vann. Og fra merkelappene[2] som Gamle-Maren hadde sydd på oljekappa[3]—en foran og en bak—rant "Pavvel[4] benedik heneman, Adres profsor heneman, orslo"[5] ned i små bekker.

Det hadde regnet heile tia siden han kom ombord igår aftes. Heile natta og heile dagen, men det hadde ikke gjort noe så lenge det var lyst og den snille damen med kakene var der—hun som hadde lest i avisene om at pappa hadde druknet, og vært så snill mot Peik. Ja, for han hette bare Peik bestandig—aldri Pavel Benedikt.

Det var Peiks beste og eneste venn, vognmann Ondursen[6] i byen som hadde satt på ham det navnet—for både Pavel og Benedikt var så rare, sa vognmann Ondursen, og liksom så vanskelige. Og nå kalte alle ham Peik. Pappa også. Skjønt pappa kalte ham nesten aldri noen ting. For enten var pappa ute og reiste til de syke, eller så var de syke i kontoret hos pappa.

Peik måtte nesten alltid spise bare sammen med Gamle-Maren. Og da spiste de i kjøkkenet.

Derfor gjorde det ingen større forskjell for Peik da pappa ikke kom hjem mere. Gamle-Maren hadde grått, og Peik hadde grått med, da de hadde fått vite at båten som de hadde hentet pappa med i den stygge stormen var blitt borte.

---

[1] **stum, -t, -me** dumb, mute. [2] en **merkelapp** tag. [3] ei **oljekappe** [ɔljəkappə] oil-skin coat, raincoat, slicker. [4] **Pavvel** etc. Every word in this address is misspelled; for the correct forms see below. [5] Oslo, capital of Norway, as often pronounced. [6] [ɔndu:rʃən] name of Peik's good friend, the cabman.

Og hverken pappa eller gutten som hadde hentet ham hadde kommet i land igjen.

Men det ville ha vært mye verre for Peik om vognmann Ondursen hadde blitt borte.   Nesten hver ettermiddag kom Blakka[7] og trilla[8] med de fine røde putene farende forbi med vognmann Ondursen og de få passasjérer[9] som skulle til Osen.[10]   Og alltid stod en liten hvithåret, blåøyet gutt ferdig ved doktorens grind—med den ene hånd dypt i lommen på sin hjemmesydde bukse, mens han strakte

Dampbåten og Peik og Kapteinen og det reiner

den andre opp mot Ondursen.   Og alltid stanset Blakka av seg selv, og vognmann Ondursens lange arm kom ned og hentet Peik opp på vogna.   Så kjørte de videre, og Peik ble satt av ved grinda på hjemveien.

Vognmann Ondursen satt sammenkrøpet,[11] kort foran og lang bak som han hadde blitt av alltid å henge over den underste[12] stalldøra, hvor han tok seg en røyk hver morgen, middag og aften.

Ondursen satt og kjørte med de lange armene rett ut og tett sammen.   De krokete tommelfingrene pekte bakover, akkurat som ørene på Blakka.   Peik satt alltid og så på de tommelfingrene. Han fikk av og til lov til å holde tømmene[13] når de kjørte tilbake

---

[7] the dun mare (here used as a proper name; dun is a grayish-yellow color).
[8] ei **trille** buggy.   [9] en **passasjér** [pasasjeːr] passenger.   [10] [ˈoːsən] the outlet of the lake (a place name).   [11] crouched, hunched up.   [12] **underst** lower (half of).
[13] **tømmer** reins.

igjen, og da gjorde han alt han kunne for å dra tommelfingrene så
langt bakover han bare kunne.

Men de var så altfor korte—en kunne nesten ikke se dem engang.
Det var Ondursen som fikk høre om alle Peiks små sorger og
gleder. Og alt som Peik spurte om kunne Ondursen forklare. Når
pappa derfor en sjelden gang hadde tid til å snakke med Peik,

måtte han riktig undre seg over Peiks merkelige kunnskaper[14]—
for pappa tenkte jo ikke på at det var ingen mindre enn vognmann
Ondursen som hadde fylt Peik med sine tanker og meninger om
hester og folk og byen og livet.

2

Men dagen etter at Gamle-Maren og Peik hadde fått vite at
pappa ikke kom hjem mere, kom Ondursen og Blakka kjørende
uten passasjérer tidlig på formiddagen.

Ondursen bandt Blakka ved verandaen og steg med hatten i
hånd og renvasket hvit frakk inn til Gamle-Maren.

Så vidt Ondursen visste, hadde doktoren ingen slekt av noen
slags. Iallfall hadde aldri noen som var i slekt med doktoren kjørt
med Ondursen.

Og så bad Ondursen om å få han[1] Peik i barns sted, for han var

[14] bits of information, knowledge.

[1] The use of pronouns before proper names is characteristic of dialectal Nor-
wegian speech; omit in translation.

så glad i'n Peik.   Og det var Tabitta og, skjønt jo hu² kjente'n
mindre.   Og det kunne være moro å ha barn i huset og.

Gamle-Maren visste ikke hva hun skulle gjøre.   Hun hadde
bestemt seg til å reise og snakke med presten både om Peik og
huset.   Ikke torde Maren gi bort gutten på egen hånd, nei.

Men Peiks lille hånd tok godt tak om Ondursens lange tommel-
finger—og slapp den ikke før han satt vel og sikkert på vogna med
søndagsklærne i ei pakke bak seg og lov til å bli hos Ondursen et
par dager iallfall—til Maren hadde fått greie på hva som skulle
gjøres.

Og så levde Peik de tre gladeste dager i hele sitt liv.

Om ettermiddagen kjørte de utover til Osen, og på hjemveien
kom Gamle-Maren ut på veien og snakket.

Onderssen og Peik
Stallen

Men så snart Peik så Gamle-
Marens brune kjole langt borte,
tok han tak i Ondursens frakk.

For hos Ondursen var paradis.³

Peik fikk en skammel å stå på,
så han også kunne rekke opp og
stå og legge armene på stalldøra.
Han hadde ingen pipe—men når
Ondursen spyttet, spyttet Peik
med.   I samme retning, og så
langt som mulig.

Nesten alltid var det folk
utafor stalldøra som snakket
om "hendelsen."⁴   Og Ondursen fortalte.

Først skjønte ikke Peik hva det var, men han lærte snart at
"hendelsen," det var pappa og gutten som druknet.   Det var
mange folk som kom, og de snakket alvorlig til Peik, og sa at han
var vel svært bedrøvet.

Da så to skinnende øyne uforstående opp på Ondursen.   Peik
syntes han aldri i sitt liv hadde hatt det så morsomt.

---

² dialectal for **hun**.   ³ et [paradi:s].   ⁴ en **hendelse** happening, event.

Om natta lå han på sofaen i stua med det fine teppet til Tabitta over seg—det teppet som det var så morsomt å ligge og se på om morgenen, for det var alle slags farger. Når han trakk knærne helt opp, kunne han se riktig mye av det.

Og i vinduene stod mange blomster i forferdelig fine potter[5]— for de vinduene var ut til torvet.[6] I soveværelset stod blomstene i fiskebollebokser.[7]

Etterat Peik hadde fortalt Tabitta at rødgrøt[8] var den beste mat i verden, fikk han rødgrøt til morgen, middag og aften.

Men han var ikke lenger sikker på at rødgrøt var den beste maten.

Ondursen var heller ikke så glad i rødgrøt. Han likte bedre sild og poteter. Hver gang de hadde spist, slo Ondursen hendene sammen og sa at nå var han mett og godt mett. Og Tabitta laget nok god mat hun, men du sparer på saltet, Tabitta, du sparer på saltet, det har jeg alltid sagt—og så gikk Ondursen og Peik ut og hang over stalldøra, mens Tabitta vasket opp.

Men da Peik hadde vært hos Ondursen i to dager, kom det tidlig om morgenen kjørende en gammel, tynn mann som hadde en liten sort, rund lue på seg under hatten. Ondursen sa det var presten.

Han viste fram et brev han hadde fått fra sin ungdomsvenn, professor Hennemann i Oslo.

Og i det brevet stod det at professoren var en fetter[9] av Peiks bestefar, og at nå var Peik den som skulle fortsette slekten. Ja, det stod ikke Peik i brevet—Pavel Benedikt stod det. Og da gutten ingen nærmere slekt hadde—unntagen morens søster i Tyskland[10]—så ville professoren ta unge Pavel Benedikt til seg og ta seg av hans utdannelse.[11] Han håpet det var en snill og rolig gutt, som ikke ville gripe forstyrrende inn i hans liv.

Professoren ønsket at gutten skulle sendes samme aften med båten—han var naturligvis stor nok til å reise alene—og han skulle bli møtt av professoren.

Peik stod og hørte etter så godt han kunne. Han forstod in-

---

[5] ei **potte** flower pot. [6] et **torv** [tɔrv] marketplace. [7] en **fiskebolleboks** fish-ball can (tin). [8] en ['rø:grø:t] fruit pudding. [9] ['fettər] cousin (male). [10] Germany. [11] education.

genting unntagen det at han skulle reise med den store båten som
lå ute på fjorden.   Og Ondursen skulle ikke være med.

Presten leste brevet én gang til.

Peiks øyne ble enda større.   De ble til to store sjøer.   Og så
slo Peik begge armene om Ondursens ene blå- og hvitstripete[12]
bukseben, og la hodet inn mot Ondursens mave.

Men Ondursen strøk med fingrene gjennom Peiks lyse hår og
gjorde seg stor og trygg, og sa at han aldri ville gi fra seg gutten
til fremmede, selv om det var en profsor.   Her trivdes gutten, og
her skulle gutten bli.

Men presten snakket lenge om plikt[13] mot slekten og Peiks fram-
tid.[14]   Og enden ble at Ondursen gikk og gjorde seg ferdig til å
kjøre ut til Gamle-Maren og hente Peiks klær.

Skulle gutten absolutt sendes, så skulle han, Ondursen, gjøre det
og ingen annen.

Presten tok Peik mellom sine knær, og snakket om at han måtte
være takknemlig[15] mot professoren og om at han skulle fortsette
slekten og at Gud nok ville være med ham og passe ham.

"Ja men Gud skal passe så mange han," sa Peik, "kan ikke
heller Ondursen?"

Men nei.   Peik kunne være sikker på at Gud nå ville være hans
far, sa presten.   Bedre følge kunne han ikke få.

Men Peik var ikke helt sikker.   Han ville føle seg langt tryggere
med Ondursen enn med Gud—på den store båten.

3

Men avsted kjørte Ondursen.   Og tilbake kom han med pappas
koffert full av Peiks leker[1] og klær.   Og oppi trilla satt Gamle-
Maren med det fine sorte silketørkle[2] sitt på hodet og Vesleblakka
i fanget.

Vesleblakka var av tre—og hadde ikke fra først av lignet stort
på en hest.   Men etter at hun hadde fått Ondursens gamle barber-

---

[12] blue and white striped (where two different words are to be compounded,
the first is often written as above).   [13] en **plikt** duty.   [14] ei **framtid** (or **fremtid**)
future.   [15] [tak'nemli] grateful.
[1] en **leke** toy.   [2] silk kerchief.

kost[3] til hale, var det ingen som kunne tvile på at hun var den hun var.

I Peiks øyne var Vesleblakka det deiligste i verden, nest Ondursen og den riktige Blakka.

Tabitta og Gamle-Maren gikk og sukket hele dagen og sydde på merkelapper[4] både bak og foran.

Men Peik hang for siste gang over stalldøra ved Ondursens side. Folk som hadde sett presten, kom og spurte hva det skulle bety. Ondursen fortalte om profsorn som var i slekt med doktoren. Og Peik sukket og svarte:

"Jeg skal reise. Jeg skal til profsorn og fortsette slekta."

Ondursen ga Peik gode råd om hva han skulle gjøre. Han var ikke riktig sikker om Peik skulle si du eller De til professoren. De var nok i slekt, men det var da langt ute. Og en profsor var en svær kar. Ondursen satte ham omtrent midt mellom amtmannen[5] og borgermesteren.[6]

Peik stirret på Ondursen for å huske alle hans visdomsord. Det var ganske forferdelig hvor mye Ondursen visste.

"Du må spise pent med kniven. Ikke bruke fingrene," sa Ondursen.

"Ellers får du gjøre og si som du ser han gjøre," var Ondursens råd til slutt.

"Ja, hvis han ikke gjør noe svært vanskelig," lovte Peik.

Tabittas og Gamle-Marens tårer dryppet ned på Peiks hode. De to fulgte til båten, men Ondursen gikk med ombord.

Peik holdt Ondursen fast i hånden mens den tunge ekspedisjonsbåten[7] rodde utover til skipet. I den gule oljekappa[8] så han ut bare som et lite sneglehus,[9] der han satt i regnet med Vesleblakka i armen. Av og til nikket han alvorlig inn mot land, hvor to viftende lommetørklær[10] viste hvor Tabitta og Gamle-Maren stod.

---

[3] en [bar'beːrkost] barber brush.   [4] tags.   [5] en ['amtmann] governor (of an amt, or province, now called fylke).   [6] en borgermester mayor.   [7] en ekspedisjonsbåt [ekspedi'sjoːnsbåːt] tender, boat used to transport people and goods between shore and larger boat.   [8] ei oljekappe [ɔljəkappə] raincoat.   [9] [sneiləhuːs] snail shell.   [10] et lommetørklæ handkerchief.

Ombord trakk Ondursen straks Peik bort til styrmannen,[11] og
fortalte så mye av hans historie som det ble tid til.

Peik bukket så pent han kunne.   Og styrmannen lovte å passe
på ham.

"Nå får du være kjekk[12] kar da, Peik," sa Ondursen—han måtte
selv stryke frakkeermet[13] over øynene.

Og så var han borte.

Peik stod og så hvordan båten langsomt gled fra, mens Ondursens
lange arm svingte og viftet.   Skipet begynte å gå—plutselig var
båten og Ondursen langt, langt borte.

Og Peik var ganske alene på den store farlige dampbåten.

Den lille gule person med de underlige merkelappene ble straks
snakket til av alle ombord.   Og da de fant ut hvem han var, ville
de allesammen være snille mot ham.   En dame tok ham inn i sin
kahytt.[14]

Peik ble brakt tidlig til ro—og sov til langt på dag.

Da han våknet, banket det og suste det rundt omkring ham.
Og han lå snart på den ene siden og snart på den andre, ganske uten
at han selv snudde seg.   Og taket og veggene gikk både hit og dit.

Peik reiste seg opp i forferdelse.[15]   Han husket slett ikke hvor
han var.

"Gamle-Maren!   Ondursen!   Huset velter!" skrek han.

Men det var nok noen andre som veltet.   For i det samme tumlet
Peik ut og på hodet ned i damens åpne håndkoffert.

Damen, som lå aldeles stille for ikke å bli sjøsyk, vendte hodet—
og der—i hennes koffert stod Peik på hodet med sin lille skjorte og
bare halen i været mens han halvkvalt[16] ropte:

"Hjelp!   Brann!"

Det farligste Peik husket var at Per Fiskers hus brente.   Da
hadde alle ropt slik.   Og dette var også forferdelig farlig.

Ved ropet brann kom en herre inn i kahytten.   Damen prøvde å
forklare og pekte på Peik i kofferten—og herren hjalp ham opp, og
skjente fordi han hadde ropt brann:

[11] en **styrmann** mate (on ship).   [12] brave.   [13] et **frakkeerme** [frakkəærmə]
coat sleeve.   [14] [kahytt] cabin.   [15] en [fɔr'færdelsə] terror.   [16] [hallkva:lt] half
choked.

"Det kunne jo bli panikk[17] ombord, gutt," sa han.

"Hva er panikk?" spurte Peik.

"Det er at folk blir redde," sa herren.

"Ja men jeg *var* redd. Jeg er redd enda," forklarte Peik.

Så kom piken inn og kledde ham. Han fikk oljekappa på og ble sendt opp på dekket.

Han vandret rundt, for nå var det ikke sjøgang[18] mere. Han var allesteds og snakket med alle sammen, han fikk gotter[19] å spise og han hadde det utmerket.

Og dagen gikk fort.

4

Men nå hadde det blitt aften og mørkt. Og allesammen hadde fått det så travelt. De greidde med tøyet[1] sitt. Og sjøfolkene sprang omkring og gjorde arbeidet sitt.

Alle hadde glemt Peik.

Liten og våt og frossen stod han på kne på benken i mørket og strakte hals—for langt foran dukket det opp så mange lys—lys som kom nærmere og nærmere, ble større og større.

Så begynte skipet å gå langsomt—det dunket[2] mot ei lang brygge av stein.

Og lå ganske stille.

Menneskene begynte å gå i land, men Peik stod ganske alene og holdt seg fast. Han torde slett ikke røre seg. Han var så redd.

En sjømann kom bortover til ham sammen med en liten tykk mann med flagrende hvitt hår og briller.

Peik skjønte straks at det var professoren. Han hoppet ned og stod ferdig til å bukke.

"Goddag og velkommen, Pavel Benedikt. Så du er så ung, min venn," sa en vennlig stemme.

"Ja. Jeg er ganske ung," sa Peik unnskyldende og så opp i det runde røde ansiktet.

Professorens små, blå øyne lo bak brillene, og Peik følte seg med ett ganske trygg—om ikke som hos Ondursen, så iallfall som hos

---

[17] en [panikk] panic.   [18] -en rough sea.   [19] ['gɔttər] goodies, tidbits.
[1] tøy, -et baggage.   [2] dunke [doŋkə], -t bump, thud.

Gamle-Maren.   Han stakk sin lille kalde hånd inn i professorens våte hanske.[3]

Han kom plutselig til å huske Ondursens råd.

"Skal jeg si du eller De til deg?" spurte Peik, da de gikk bortover dekket.

"Se se," lo professoren, "så du har greie på formene, unge mann. Jeg innrømmer[4] at vårt korte bekjentskap[5] berettiger[6] deg til tvil, det gjør jeg. Men siden vi nå skal leve ved hverandres side, jeg håper i mange år, så foreslår jeg at vi er dus.[7]   Er du ikke av samme mening?"

"Jo," svarte Peik alvorlig.   Han skjønte nokså lite.

En vognmann ventet på dem.   Kofferten ble løftet opp, og professoren steg inn.

Peik strakte armen opp mot vognmannen og ventet å bli løftet opp til ham.

"Nei nei, du får komme til meg," sa professoren.

Og Peik krøp inn—det var jo likevel ikke Ondursen og Blakka.

Professoren trakk teppet godt opp om Peik.

"Men hva er det for en kost du stikker meg i nesen?" spurte han.

"Det er ingen kost.   Det er en hale," sa Peik—og trakk Vesleblakka fram til beundring.

Lunt og godt satt både hun og Peik i professorens arm, mens vogna rullet avsted.   Professoren spurte, og Peik svarte—men snart kom det ingen svar mere.

Peik sov.

Han visste ingenting før professoren satte ham ned i ei stor lys stue, hvor bordet stod dekket, og hvor en som var nesten som Gamle-Maren, med hvitt forkle[8] og grått hår, begynte å ta av ham klærne.

Peik og Vesleblakka

---

[3] en **hanske** glove.   [4] **innrømme, -t** admit.   [5] et **bekjentskap** [be'çentska:p] acquaintance.   [6] **berettige, -t** [be'rettigə] entitle.   [7] "**være dus**" is said of people who say "**du**" to each other, i.e. are on a friendly or intimate footing.   [8] et **forkle** [fɔrkle:] apron.

"Ja nå, Blom, får De ta Dem av Pavel Benedikt og være mor for ham," sa professoren.

"Jeg bruker ikke å ha noen mor. Men du kan være Gamle-Maren," sa Peik. "Jeg er sulten. Skal jeg spise med deg i kjøkkenet?"

"Nei, Gud signe⁹ barnet. Visst skal han ikke nei. Han skal spise med professoren han," sa Blom. Og så satte hun ham i en stor stol, hvor det var god plass til to Peiker ved siden av hverandre, og skjøv ham bort til bordet, hvor professoren alt hadde satt seg.

"Vet du så hva jeg heter, unge venn?" spurte professoren.

Peik tok melkeglasset fra munnen.

"Profsorn," sa han—og drakk videre.

"Profsorn du! Jaja. Det var nå ikke så dumt av deg, min venn," smilte professoren og rettet på brillene. "Ellers heter nå jeg også Pavel Benedikt Hennemann, akkurat som du."

"Det var rart," sa Peik. "Men det gjør ingenting,¹⁰ for jeg heter mest Peik. Men kanskje du heter Peik også?"

Nei, det gjorde professoren ikke.

"Du får kalle meg onkel Pavel," sa han. "Men nå får du fortelle meg litt, mens vi spiser."

"Gamle-Maren sa det var ikke pent å spørre om allting når vi spiste," sa Peik.

Professoren rynket pannen. Var gutten nesevis?¹¹ Men så skjønte han at Gamle-Maren nok kunne ha hatt gode grunner for å ha gitt den leveregel.¹² Ja, etter å ha blitt nærmere kjent med Peik, gikk professoren helt over til Gamle-Marens mening.

5

Men da Peik hadde tenkt litt på hva onkel Pavel hadde sagt, fant han ut at her var det altså ikke galt å spørre—det var nettopp det riktige.

"Vil du jeg skal fortelle deg om 'hendelsen'?" spurte han—han satte det tomme glasset fra seg.

"Hvilken hendelse?"

---

⁹ [siŋnə] -t bless.   ¹⁰ makes no difference.   ¹¹ impertinent.   ¹² rule of life, regulation.

"Hendelsen vel.   Om pappa og gutten i båten?" sa Peik.   Han var svært stolt over at han hadde husket det riktige ordet.

Onkel Pavel

"Kaller du din fars sørgelige endeligt[1] for 'hendelsen,' barn!" sa onkel Pavel strengt.   Han var alvorlig bak brillene.

"Det heter 'endeligt' også.   Det sa presten," svarte Peik.   "Men alle de andre sa hendelsen.   Ondursen sa bestandig hendelsen.   Og Ondursen vet allting."

Peiks blå øyne lyste sannferdig[2] opp mot onkel Pavel.

"Hvem er så Ondursen?" spurte onkel Pavel.

Peik stirret på ham.

"Kjenner du ikke Ondursen? Ondursen eier jo Blakka og skysser[3] til Osen om ettermiddagen. Ondursen vet allting.   Og jeg hadde Tabittas fineste sengeteppe. Og Ondursen og jeg er våre beste venner."

"Så?   Han er altså vognmann, din venn Ondursen?"   Det var det eneste professoren fikk ut av det Peik fortalte ham.

"Han er Ondursen vel.   Jeg bodde hos Ondursen etter hendelsen. Og jeg kan spytte nesten like langt.   Kan *du* spytte så langt?"

Professoren lo: "Humhum.   Humhum.   Så langt som din store Ondursen?   Nei—det er langt fra meg å ville konkurrere[4] med Ondursen i så måte, unge hr. Pavel."

Pavel stirret stivt på onkel Pavel.   Han snakket så vanskelig, onkel Pavel.   Peik forstod nesten allting når Ondursen snakket. Men onkel Pavel sa så mange rare ord.

"Nå får du si takk for maten til Blom, og se å komme til ro. Det er sent for en herre av din størrelse.[5]

"Takk for mat.   Nå er jeg mett—og godt mett," sa Peik.

"Det var da bra det," smilte Blom.   "Smakte maten ham da?"

---

[1] et **endeligt** decease, demise.   [2] [san'færdi] truthful.   [3] **skysse, -t** drive (people).   [4] **konkurrere, -erte, -ert** [kɔŋku're:rə] compete.   [5] size.

"Ja," sa Peik—men så kom han i tanker om noe og la til: "men du sparer på saltet—det har jeg alltid sagt."

Blom slo hendene sammen.

"Nei, maken til rar unge! Er det smøret han mener—for kjøtt har han da ikke spist, det jeg har sett," sa hun.

"Jeg vet ikke jeg," svarte Peik med ærlige øyne.

"Hvorfor sier han så at jeg ikke salter[6] maten?" spurte Blom.

"Ondursen sa så," sa Peik.

"Humhum, humhum," lød det inne fra kontoret. Professoren kom i døra og forklarte Blom at de nok ville komme til å finne Ondursen på bunnen av en hel del av Peiks meninger.

Peik skulle ligge inne hos onkel Pavel.

"På prøve," sa onkel Pavel. "Vi får se om du kan oppføre[7] deg som du skal og ikke forstyrre meg. Ellers skal du inn til Blom."

Og så satte onkel Pavel seg ved sitt store grønne bord. Peik kom bort og bukket, og onkel sa:

"Godnatt, lille Pavel Benedikt. Sov godt. Jeg håper du trives i mitt selskap."

Og Peik bukket igjen og sa:

"I like måte."

Og så drog Blom av med ham.

En stund etter løftet professoren forskrekket hodet.

En høy, klar barnestemme skrek, så det hørtes gjennom den lukkede dør:

"Kjære Gud bevare[8] pappa og Ondursen og Blakka og meg og alle mensker og Gamle-Maren. Godnatt, Gud."

Professoren smilte, rystet på hodet—og ga seg til å lese igjen.

Blom kom i døra.

"Han spør om ikke professoren skal legge seg. Det var kanskje best om professoren gikk inn og sa godnatt. En liten gudsengel[9] er det—men dette kommer nok professoren til å angre på mangen god gang. Hørte professoren aftenbønnen hans?—Jo, det skal bli ro her i huset for professoren nå."

Onkel Pavel reiste seg, rettet på brillene, la hendene på ryggen,

---

[6]**salte, -t** salt. [7]**oppføre seg** [ˈɔppføːrə], **oppførte, oppført** behave. [8][beˈvaːrə], **bevarte, bevart** protect. [9]en **gudsengel, -engler** cherub, angel.

som onkel Pavel alltid gjorde når han ikke hadde noe særlig å bruke dem til—og gikk inn i soveværelset.

"Nå, unge venn—du ønsker å si godnatt til meg? Ja sov nå godt. Det er rett at du ber aftenbønn, men du trenger ikke å si den fullt så høyt."

Peik løftet et rosenrødt[10] såpeskurt[11] ansikt fra puta. Det hvite håret var også vasket og stod rett til værs—for renslighet[12] var Bloms spesialitet[13]—"men professoren han trivs like godt, enten han bor i et grisehus eller i et ordentlig hus—han ser ingen forskjell, han"—sukket Blom bestandig.

Peik så opp på onkel Pavel. Hans øyne var så blå og så blanke, at de også så nyvasket ut.

"Jo, jeg må," sa Peik. "For Blom sa at i alle husene her legger små snille gutter seg og ber aftenbønn om aftenen. Og når det er så mange på ett sted, så må jeg jo rope, skjønner du, forat Gud skal høre min. Og hvorfor heter Blom Blom og ikke Maren eller Tabitta eller sånn?"

"Godnatt—nå må du skynde deg å sove," sa onkel Pavel. Og Peik snudde sin lille flate nese mot veggen.

Et øyeblikk etter var den ute igjen.

"Ondursen har to klokker han. En i hver lomme."

Men så sovnet han for alvor.

Onkel Pavel ble gående opp og ned[14] i kontoret.

Onkel Pavel gikk alltid akkurat den samme veien—så det var slitt en smal grå vei etter ham på golvteppet.

Rett som det var stanset han, smilte, rystet på hodet—og fortsatte å gå.

"Slokker professoren selv?" Blom stakk hodet inn av døra.

"Javel, Blom,—jeg slokker. Gå De bare til ro. Men Blom— hvis vi bare ikke har tatt oss vann over hodet.[15] Jeg er jo så lite vant til barn—og denne er visst omtrent vill. Vi må ikke skremme ham, Blom—jeg vil se å finne noen passende og lærerike[16] bøker til ham. Godnatt Blom."

---

[10] rosy red. [11] soap-scoured. [12] cleanliness (from **ren**). [13] en [spesialite:t] specialty. [14] back and forth (on floor). [15] **ta seg vann over hodet** get in too deep, bite off more than one can chew. [16] **lærerik** instructive.

"Lærerike bøker! Hm!" sa Blom til seg selv—hun satt på sin sengekant og flettet den tynne grå fletta si—"undres hvor gammel professoren mener ungen er?"

6

Peik våknet om morgenen ganske fortumlet.[1] De siste morgener hadde han jo alltid våknet på nye steder. Han reiste seg i senga og så seg om. Han blev sittende og stirre med store øyne og åpen munn.

Borte ved vinduet, foran speilet, stod onkel Pavels rygg, uten frakk, og med bukseselene[2] hengende nedover de tynne bena.

Det var ikke noe rart at han stod slik. For slik stod pappa også om morgenen når han vasket seg. Men det merkelige var at onkel Pavel hadde en kost og smurte hvit maling i ansiktet sitt. Og så la han kosten bort og tok en kniv—og ville skjære seg i ansiktet.

Peik ble så redd at han krøp under teppet. Men om en stund måtte han se opp likevel. Og da stod onkel Pavel og holdt seg på haken med den ene hånda, og med den andre tok han kniven opp til halsen sin.

Peik skrek:

"Er du gal, onkel Pavel. Du kan skjære deg," ropte han.

Onkel Pavel snudde seg fort.

"Ja, det var ikke din skyld at jeg ikke gjorde det," sa han strengt. "Har du sovet godt?" la han til mildere—og så snudde han seg og skar seg på halsen likevel. Men da han tok kniven bort, så blødde han ikke det grann—han bare tørket hvit maling av kniven.

"Blør du ikke når du skjærer deg, du?" spurte Peik svært forundret. "Det gjør jeg."

"Men kjære barn, har du aldri sett noen barbere[3] seg? Tok ikke din pappa skjegget bort med en kniv?" spurte onkel Pavel.

"Nei. Pappas skjegg var ikke til å ta av. Det var på bestandig —både om dagen og om natta," fortalte Peik. "Men du har jo ingen skjegg. Blom har ingen skjegg heller. Gamle-Maren hadde. Bitte lite. Her."

---

[1] [fɔr'tomlət] bewildered. [2] bukseseler [boksɔseːlər] suspenders. [3] barbere [bar'beːrə], -erte, -ert shave.

Og Peik pekte på begge sider av sin røde overlepe.[4]

"Men den store Ondursen? Hadde han også skjegg som skulle sitte på?" lo onkel Pavel.

Peik tenkte etter.

"Somme tider," svarte han.

"Somme tider, du! Meget lett. Og meget praktisk[5] av hr. Ondursen. Jeg tror jeg også vil ha skjegg—somme tider. Men nå, unge mann, får du opp. Jeg går inn til mine aviser og venter på deg med frokosten, siden det er søndag og første dag du er her. Senere innretter[6] vi vårt liv uavhengig[7] av hverandre—enig?"

"Jo," sa Peik—han skjønte ikke det minste av hva det var å "innrette sitt liv."

"Vi kan senere tale om din skolegang[8] og hva du ellers skal gjøre om dagen," sa professoren videre.

"Jeg pleier mest å leke og kjøre med Ondursen," fortalte Peik. "Også hjelpe Gamle-Maren og tørke skjeer når henner[9] vasker opp."

Onkel Pavel gikk inn, og Blom kom og hjalp Peik med det vanskeligste—å vaske ørene. Det hjalp ikke at Peik sa "at han hadde gjort det igår aftes."

"Å nei, han heter vel ikke Pavel Benedikt Hennemann for ingenting," sa Blom strengt. "Men det skal jeg plukke ut av ham— det lover jeg."

Og Peik fikk føle at Blom pleide å holde det hun lovte.

"Synes du det er morsomt å vaske gutter i ørene?" spurte han stille, da Blom slapp ham, og ørene hans blomstret som to tulipaner.[10]

Endelig slapp han løs og inn til onkel Pavel.

De satte seg til frokostbordet.

Onkel Pavel hadde en avis ved siden av seg og snakket ikke.

Peik spurte både om den vognmannen de hadde kjørt med igår, og om bildene på veggen og alle bøkene i kontoret, men onkel Pavel bare så i avisen og nikket og sa "ja vel."

Da de var ferdige, reiste onkel Pavel seg og gikk bort til vinduet

---

[4] en ['ɔ:vərle:pə] upper lip.   [5] ['praktisk] practical.   [6] innrette, -t arrange.
[7] [u:avheŋŋi] independent.   [8] schooling.   [9] henner vulgar form for hun and henne.
[10] en tulipan [tulipa:n] tulip.

og så ut—etter overlæreren.[11] For hver søndag pleide overlæreren å komme. Ja, han var ikke overlærer lenger, men han hadde vært, akkurat som professoren heller ikke var professor mere. Overlæreren pleide å bli stående utafor havegjerdet, og onkel Pavel passet på i vinduet, forat han kunne slippe trappene—og så gikk de seg en formiddagstur helt ned i byen. De gikk og snakket om hvordan det hadde sett ut dengang de var unge.

Peik stilte seg ved siden av onkel Pavel.

Da han så at onkel Pavel la hendene på ryggen, strakte han sine tynne armer bakover og drog fingrene sammen så godt han kunne. Men han rakk ikke opp over blomsterpottene.[12]

Han så opp på onkel Pavel. Deretter rundt om i værelset.

"Ondursen hadde en skammel," sa han endelig.

Men Ondursens skammel interesserte ikke onkel Pavel—han stod bare og speidet etter overlæreren.

"Har du ingen stall?" spurte Peik—han tenkte med lengsel[13] på Ondursens stalldør og skammelen.

Denne gang hørte onkel Pavel.

"Stall? Nei, det har jeg da slett ikke," sa han.

"Hvor røyker du henne, da?"

"Hvor jeg røyker, unge venn?" Onkel Pavel snudde seg forbauset. "Her—og derinne—naturligvis."

"Tør du for *henner* da?" Og Peik gjorde et kast bakover med tommelfingeren. For slik gjorde Ondursen når han snakket om Tabitta.

"Humhum, humhum. Du er en erfaren liten herre."

Og onkel Pavel lo, så brillene hoppet og håret flagret omkring.

"Du røykte kanskje også i stallen, min herre? Ja jeg tar vel ikke feil i at stallen var Ondursens." Onkel Pavel var svært blid.

"Nei. Jeg bare spyttet," sa Peik.

Og så kom overlæreren.

"Du kan få lov til å leke i hagen mens jeg er borte," sa onkel Pavel, "ta din lue på og gå ned og hils på overlæreren først."

[11] en ['ɔ:verlæ:rər] school principal. [12] ei **blomsterpotte** flower pot. [13] en **lengsel,** *pl.* **lengsler** longing.

Peik stormet nedover trappene.   Han bukket for overlæreren.
Og overlæreren så åndsfraværende[14] hen over hans hode og sa:
"Velvelmingutt," for overlæreren snakket så fort, at alle ordene
hans hang sammen.   Og overlæreren hadde hatt så altfor mye av
gutter i sin tid.   Han brydde seg slett ikke om å komme dem
nærmere nå.
Så gikk de to.   Og Peik var alene i hagen.

7

Det var en veranda med trapp, akkurat som hjemme.   Det var
rart at ikke onkel Pavel hadde gått ut den veien.   Hjemme gikk de
alltid verandaveien.
Peik gikk opp trappa.   Han klemte sin lille flate nese enda
flatere mot glassdøra og kikket inn.   Han så bare noen røde stoler
og bilder på veggen og et stort hvitt skap med ei bitte lita blank
dør nederst.   For Peik hadde aldri sett en svenskeovn[1] og så trodde
han det var et skap.
Peik åpnet verandadøra og gikk inn.
Det var ingen der.   Men midt på golvet stod ei barnevogn med
et hvitt slør[2] over.
Peik gikk bort og kikket gjennom sløret.   Der lå et mørkt lite
hode og sov.
Han stod lenge og så.   Så kunne han ikke holde seg lenger—
han måtte stikke hånda under sløret og røre ved det lille røde øret.
Den lille åpnet øynene, begynte å snu på seg og grynte.[3]   Øye-
blikkelig begynte Peik å dra vogna fram og tilbake.   Det hadde
han ofte gjort for Per Fiskers kone når Vesle-Birte *skulle* sove, men
ikke ville.   Det var hans egen gamle barnevogn Vesle-Birte lå i.
Og så sang han:
"En sjømanns brud har bøljan kjær,"[4] så høyt og så falskt[5] som
mulig.
En dame og en herre kom fort inn av hver si dør.
De ble stående ganske forbauset.   Der gikk en liten fremmed,

---

[14] ['ɔnsfravæːrnə] absent-minded(ly).
[1] Swedish stove (of porcelain).   [2] veil.   [3] -t grunt.   [4] har bøljan kjær (Swedish)
is fond of the sea.   [5] falsk false, out of tune.

lyshåret gutt og kjørte deres lillegutt fram og tilbake—fram og tilbake—og sang så høyt han kunne.

"Kjære. Hvem er du? Hva gjør du her?" spurte *hun.*

"Vogger,"[6] sa Peik—og sang videre.

"Hvor kommer du fra da, gutt?" spurte *han.*

"Jeg bor her," nikket Peik trygt og fortsatte å trille.

"Å Karl, det er sikkert ham som skulle komme til professoren ovenpå," sa fruen.

"Ja, jeg er kommet," sa Peik.

"Og du skal være alene hos den gamle mannen?" spurte hun videre.

"Blom er der," sa Peik, "og dere. Hvorfor spiste ikke dere med oss?"

"Nei, hvor søt han er," sa fruen. "Vi bor hernede vi, ser du. Og dere bor ovenpå. Men du må komme herned så ofte du vil."

Ungen i vogna strakte armer og ville opp.

"Henner vil opp," sa Peik erfarent.

"Du må ikke skape vår førstefødte om til ei pike," lo herren. "Det er en gutt."

"Å nå,'"[7] sa Peik likeglad,[8] mens fruen tok gutten opp og gikk inn i et annet værelse.

"Vogna skal vel med?" sa Peik og skjøv den med stor vanskelighet over terskelen.[9] Så satte han seg på en skammel og spiste kaker—vel og lenge. Bare nikket eller rystet på hodet når de snakket til ham.

"Kan jeg ta skammelen ut i hagen," spurte han, da han var ferdig.

Jo da. Det fikk han gjerne.

Peik drog skammelen bort til gjerdet, kløv opp, la armene opp på gjerdet og stod og så oppover gata og nedover gata og over i en annen hage.

Det kom mennesker nedover gata—mennesker med kurver på armen. Og barn i hvite kjoler. Men alle sammen gikk forbi. Ingen kom bort til—slik som hos Ondursen.

---

[6] **vogge, -t** rock.   [7] oh so.   [8] indifferent(ly).   [9] en **terskel** [ˈtærʃkəl], *pl.* **terskler** threshold.

Endelig kom én ut i hagen på den andre siden av gata—ei lita ei i hvit kjole med lyserød sløyfe[10] bak og to korte, sorte fletter.

Hun trippet[11] omkring og så på blomstene, sparket litt i gresset med sine brune sko—og så kom hun helt hen til gjerdet og kikket over til Peik.

De så lenge på hverandre.

"Hva gjør du?" spurte hun endelig.

"Jeg opsalverer[12] byens trivsel,"[13] svarte Peik.

"Hva?" sa hun.

"Jeg opsalverer byens trivsel," skrek Peik. Og så spyttet han—på skrå ut av den ene munnvik.[14]

Hun stirret på ham. Hun skjønte ikke hva han sa.

"Det er galt å spytte," sa hun. Det forstod hun.

"Nei, riktig," sa Peik.

Så stod de en stund og så på hverandre igjen.

"Kom hit da," sa Peik.

Hun rystet på hodet.

Så snudde hun sin lille bak[15] med sløyfa til Peik—og gikk. Hun trippet oppover på to smale brune legger—og de små sorte flettene stod ut til hver sin kant med lyserøde sløyfer nederst. Og så forsvant hun bak verandadøra.

Peik stod en stund og ventet at hun skulle komme ut igjen. Men ingen kom.

Peik gikk ned—tok skammelen med seg, åpnet hageporten og fór over gata.

Han måtte sette fra seg skammelen, for den andre porten var så vanskelig å få opp. Og da han endelig fikk den opp, glemte han hele skammelen og lot den stå alene på gata.

Og så vandret han inn i hagen, opp til huset—det var hvitt, akkurat som hjemme—onkel Pavels var rødt—opp på verandaen og prøvde å få døra opp. Men den ville slett ikke opp.

Peik banket med begge nevene på glasset.

---

[10] ei **sløyfe** bow, ribbon.   [11] **trippe, -t** trip (around).   [12] **opsalvere** [opsalveːrə] mispronunciation of **observere** [opserˈveːrə] observe (the whole phrase is Ondursen's).   [13] **trivsel** [ˈtrifsəl] welfare, well-being, progress.   [14] corner of the mouth.   [15] behind.

En liten dame med grått hår og stokk i hånda og et stort sort sjal[16] om skuldrene kom og lukket opp.

"Hvor er henner?" spurte Peik ivrig—og bukket.

"Jaha. Jaha. Værsågod" sa den gamle damen og så på Peik, som om hun ventet han skulle si noe mer.

Peik gikk inn og så seg om.

"Henner er ikke her," sa han skuffet.

Men da fikk den gamle damen det travelt nede i en sort pose. Og så trakk hun fram noe av det rareste Peik hadde sett. Det så ut som ei lang tobakkspipe med et forferdelig stort hode. Og det hodet satte hun bortover mot Peik, mens hun stakk den andre enden inn i sitt eget øre.

"Du gjør galt. Du må røyke med munnen," rettet Peik henne.

"Hva var det så du ville, gutten min," spurte den lille damen.

"Henner skal komme ut," sa Peik.

"Ut? Javel, gutten min. Værsågod." Og så åpnet hun døra.

"Jeg vil ikke gå. Henner skal komme," sa Peik, "henner med sløyfa bak."

Tante Marie og høreret

I det samme kom en hvit kjole viftende i døra.

"Kjære Mariken, hvem er han?" spurte den gamle.

"En som jeg kjenner," svarte Mariken voksent. Men hun sa det inn i det store pipehodet. Og svært høyt.

"Bestemor bruker hørerør,"[17] forklarte hun Peik.

"Hører henner med den pipa? Kan *jeg* snakke i den?" spurte Peik ivrig.

Han tok hørerøret fast med begge hender og satte det tett til sin munn og så skrek han inn i det så høyt han kunne:

"Synes du det er morsomt?"

---

[16] shawl.   [17] et **hørerør** ear trumpet (lit. a hearing tube).

Bestemor slapp røret og gikk bakover ganske forskrekket.
"Hva?   Hva sier han, Mariken?"
"Du må ikke snakke så høyt," sa Mariken strengt.   "Han spør
om du synes det er morsomt, bestemor."

Mariken

"Morsomt?   Det var rett, gutten min.   Kom
du bare til oss når du vil."   Bestemor hadde
ingen anelse om hva hun svarte på.
"Hva heter den gutten, Mariken?"
"Hva heter du?" spurte Mariken og så på
Peik.   Mariken hadde et voksent, lite ansikt
med grå øyne—og øyenbrynene[18] tett sammen.
"Peik.   Og så heter jeg Pavel Benedikt
Hennemann også," forklarte Peik.
"Han heter Pennemann," sa Mariken—det
var hva hun forstod av alle de mange navn.
Og annet enn Pennemann kalte Mariken ham
ikke under hele den tid de kjente hverandre.

Peik tok det ganske rolig—han hadde jo alt byttet navn *en* gang—
for både professoren og Blom kalte ham Pavel.

Peik og Mariken gikk ut i hagen.

8

"Hva skal vi leke!" spurte Mariken.

"Vi leker fisk," sa Peik, "Gamle-Maren var fisk.   Du skal legge
deg på maven, og jeg skal ha en hyssing[1] i deg."

Den leken lød svært morsom.   Mariken hentet en hyssing og la
seg ned i gresset foran verandaen.

Peik bandt hyssingen fast i hennes ene flette og satte seg på
verandaen.

Mariken lå aldeles stille.

"Du må sprelle,[2] så jeg kjenner det biter," sa Peik, "kan du ikke
vifte med halen?"

"Jeg har ingen," sa Mariken og så opp—meget flau over at hun
ikke hadde noe å vifte med.

[18] et **øyenbryn**, *pl.* — eyebrow.
[1] string.   [2] **-t** wiggle, squirm (like a fish).

"Bruk sløyfa di," befalte Peik.

Den lyserøde beveget[3] seg.

"Au," skrek Mariken plutselig, "du lugger."[4]

"Nå drar jeg deg opp," sa Peik.   Og Peik drog.

Mariken skrek.

"Du må følge med når jeg drar inn hyssingen," sa Peik.

Og Mariken reiste seg—først på fire[5] og så på to og kom opp på verandaen.

"Dette er ingen moro lek," sa hun.   "Vi vil heller gå inn."

"Jeg kan tegne for deg," sa Peik, "hvis du har blyant. Jeg kan tegne Ondursen og Blakka og meg og Maren—og sålessen."[6]

Bestemor ga dem blyanter og papir.   De krøp opp på kne ved siden av hverandre på spisebordet.

Mariken prøvde å tegne ei pike, men hun hadde et ben alene i lufta og hang ikke sammen ellers heller, så Mariken ville heller bare se på Peik.   For Peik tegnet så pent.

Han tegnet Blakka som travet i vei med trilla etter seg.   Og han tegnet Maren, lang og tynn, og Tabitta, liten og blid med rutet[7] kjole—og Ondursen og seg selv og stalldøra, og seg og Mariken som satt ved bordet og tegnet.   Og til slutt onkel Pavel og Blom og Marikens bestemor med hørerøret.

Bestemor kom inn med kaker og satte seg hos dem.

"Hvem er du sønn av?" spurte hun Peik.

Og Peik skrek uten å se opp fra sine kunstverker:[8]

"Doktern."

For aldri hadde noen kalt pappa annet enn doktern.

Men bestemor ga seg ikke.   Hun satte seg og hørerøret like bort til Peik, og etter tyve spørsmål fikk hun endelig greie på hvem og hvorfra gutten var.

For bestemor var nøye på hvem Mariken var sammen med. Bestemor hadde bare Mariken her mens hennes mamma var syk.

"Det er fælt så bestemora di spør," sa Peik.   "Alle voksne spør." Men så la han til: "Men Ondursen fortalte."

---

[3] **bevege** [be'veːgə], -t move.   [4] **lugge, -t** pull (hair).   [5] on all fours.   [6] ['solləsən] 'whatnot,' 'things like that,' an indefinite phrase much beloved by Peik. [7] plaid.   [8] et **kunstverk** work of art.

Og Peik tenkte på alle de samtaler han og Ondursen hadde hatt om allting. Alt hva Peik visste i verden, visste han fra Ondursen.

Og med én gang la Peik blyanten bort—og bøyde sitt lille hode ned mot bordet:

"Det er så ekkelt," sa han.

Da kom det flyvende inn fra verandaen ei lys pike med lange fletter.

Hun løp like i bestemors armer.

"Jeg kom først, tante Marie."

Men i det samme tumlet det ned fra det åpne spisestuvindu ei brun, tettbygd[9] lita dame med ei tjukk brun flette som stod hardt flettet rett ut i lufta. Hun stupte kråke[10] og stod oppreist[11] på sine solide ben.

"Nei, jeg kom først," ropte hun.

Og så gikk hun løs på stakkars bestemor, slo armene om hennes kne og klemte henne, så stokken og hørerøret fløy til hver sin kant.

Fjellmus   Bymus

"Nei, nei, Fjellmus min, du er for vill. Du er for vill," klaget bestemor.

Men hun var ikke sint i stemmen. Hun var akkurat som om hun likte å bli klemt om knærne og miste tingene sine. Og så la hun ei smal, smal hvit hånd med høye, blå årer[12] på Fjellmusens hode.

"Hvem er de?" spurte Peik forbauset.

"Musene," sa Mariken. "De er filletantene[13] mine. De heter Petra, men vi kaller dem Fjellmus[14] og Bymus. Fjellmus er her og besøker Bymus nå."

---

[9] well knit, sturdy.   [10] **stupe kråke** turn a somersault.   [11] ['ɔppreist] upright.
[12] en **åre** vein.   [13] ei **filletante** person whom one calls aunt, but who really isn't.
[14] **Fjellmus, Bymus** nicknames given to the two cousins, taken from the folk tale of Hjemmusen og Fjellmusen; see *BN*, p. 91.

"Hva mer er de?" spurte Peik.

"Fjellmus er morsom, og hun er noe rart som bestemor sier er en fanteribbel.[15] Og Bymus er skjev og går på Otto Pedersens institutt[16] for å bli rett."

"Mariken," sa Bymus strengt, "du *må* ikke si de ordene, når du aldri kan lære dem. Det heter 'enfant terrible' og det er fransk. Og så heter det 'or-to-pæ-diske in-sti-tutt.'"

"Det er jo det jeg sier jo," sa Mariken utålmodig.

Men nå fikk Fjellmus øye på Peik.

"Hva for en er det? Du er en rar liten metemark,"[17] sa hun. "Heisan."[18]

Og så tok hun Peik og satte ham opp på bordet. Lille tynne Peik så virkelig ut bare som en liten mark.[19]

"Jeg er ikke mark. Jeg er gutt," sa Peik. "Jeg vil heller tegne mere."

Fjellmus og Bymus hadde alt hodene sammen over hans tegninger.

"Å, så flink du er. Nei, se der er tante Marie med hørerøret. Og se han med brillene. Han ligner den gamle mannen over gata."

"Det *er* han," fortalte Mariken, stolt over sin nye venn. "Og dere skal ikke kalle Pennemann mark, for han er min beste venn."

"Nei da, Mariken, vi skal være så snille," sa Bymusen.

Og så hjalp de Peik å skrive navn under alle tegningene, og Fjellmusen lovte å skrive brev til Ondursen for ham.

"Det er sant, tante Marie, vi kommer for å spørre fra mamma om vi kan være her idag. For mamma og pappa skal bort, og pikene skal ha fri hvis vi kan?"

Men tante Marie hørte absolutt ingenting,—hørerøret hennes lå stille i en pose på golvet.

Fjellmus løp til og fikk hørerøret fram. Og skrek ned i det. Og fra den andre kanten kom Bymus og skrek sitt. Tante Marie hørte ikke et eneste ord—bare så ganske fortumlet[20] ut.

---

[15] Marikens mispronunciation of *enfant terrible* 'problem child.' [16] [institutt] Mariken's mispronunciation of **Ortopædiske Institutt** (a clinic for correcting deformities in children). [17] fishworm. [18] whee, whoops. [19] worm. [20] [for'tomlət] confused.

"Gå vekk fra bestemor," sa Marikens tynne stemme voksent. Hun tok hørerøret og forklarte rolig: "De vil være her, for tante og onkel skal ha fri," og straks forstod bestemor, og sa at Mariken var den eneste fornuftige[21] av hele familien. "Og vi har mange penger til å gå på kino for i ettermiddag," sa Bymusen. "Du kan også bli med, Pennemann." "Takk," sa Peik, men hva han takket for, hadde han ingen anelse om. Han stod og så på dem. Han begynte å like dem svært godt—især Fjellmus, for hun stakk til ham et stort stykke sjokolade[22] uten at noen annen så det.

"Kan ikke jeg også være her og ikke hos onkel Pavel?" spurte han Mariken. Mariken og musene var meget morsommere enn onkel Pavel og Blom.

Mariken spurte bestemor om han kunne—og bestemor sa ja, hvis han fikk lov. Og så forklarte hun til musene at de fikk gå med gutten over og spørre professoren.

"Henner skal også være med over," sa Peik og tok Mariken i hånda. Henne hadde han jo kjent meget lenger enn de andre.

Og så gikk det i galopp[23] ut i hagen, med Bymusen og Fjellmusen på hver side og de to små i midten.

Da de kom ut på gata husket Peik skammelen.

"Han er borte," sa han.

"Hvem?" spurte de andre i munnen på hverandre.[24]

"Men jeg hentet den inn, for jeg ante at hele skammelen var forsvunnet fra dine tanker," sa den unge fruen som stod i sin hage med barnevogna. "Du bør gå opp, så ikke din onkel blir redd for deg. Han kom nettopp hjem."

Og så "gikk" de opp. De lo og ropte og løp som et lite uvær opp trappa og ringte på.

Blom kom farende ut, ganske ildrød i ansiktet.

"Nå, det var bra han kom. Her har jeg fått skylda for at han har løpet av. Og professoren er så vill, så vill."

---

[21] **fornuftig** [for'nufti] sensible. [22] **-n** [ʃoko''la:də] chocolate. [23] en [galɔpp] gallop. [24] **i munnen på hverandre** (talk) at the same time.

Blom ville nettopp trekke Peik inn og lukke døra for hans ven-
ninner.

Men så kom onkel Pavel.

"Nå, unge mann, du har altså begitt[25] deg utafor det territorium[26]
som var oppstukket[27] for deg. Hva har du å anføre[28] til ditt
forsvar?"[29]

Peik stirret håpløs på onkel Pavel. At noen kunne snakke så
vanskelig!

"Og dere mine meget unge og meget ærede damer, hvordan kan
jeg være til tjeneste?" Og onkel Pavel bukket gammeldags og
seremonielt.[30]

Fjellmusen svarte:

"Vi skulle spørre om han kan få være hos tante Marie og oss til
middag og gå på kino etterpå."

Den tale forstod Peik meget godt. Han gjemte sin lille hånd i
Fjellmusens.

Men onkel Pavel sa nei.

"Min venn Peik og jeg har nå gledet oss til å spise den første
middag sammen og tale om vårt framtidige[31] forhold[32] til hverandre,"
sa han—etter først å ha fått greie på hvem tante Marie var. "Ellers
så mange takk."

Peik så ikke nettopp ut som om han hadde gledet seg så svært.

Men nå blandet Blom seg i saka.

"Jo, det skulle riktig se godt ut om ungen drog ut av huset den
første dagen—er det ikke nok med at han—," og Blom så ikke glad
på de meget unge og meget ærede damer.

Peik forstod at det ble middag alene med onkel Pavel og Blom
og ikke sammen med de tre venninner og bestemors interessante
hørerør.

Han stod med store, tårefylte øyne.

Men Fjellmusen bøyde seg og tok ham om halsen.

---

[25] begi [beji:] seg, bega, begitt proceed. [26] [teri'to:rium] territory.
[27] ['ɔppstɔkkət] staked out. [28] anføre ['annfø:rə], anførte, anført advance.
[29] [fɔrsva:r] defense. [30] seremoniell [serəmoniell] ceremonious. [31] framtidig
[framti:di] future. [32] et [fɔrhɔll] relationship.

"Jeg er også i byen på besøk. Og jeg må også gjøre fælt mye ekkelt. Bry deg ikke om det. Du *skal* komme på kino iallfall." Og så forsvant de ærede damer. Og Blom lukket lettet døra.

9

Så satt de der til bords.

Onkel Pavel fortalte om sin og overlærerens tur med mange rare ord, og Peik sa ja og nei omtrent på de riktige stedene. Når han ikke visste enten han skulle si ja eller nei, sa han slett ingen ting.

Men så måtte Peik fortelle. Og onkel Pavel falt fra den ene forbauselse i den annen—han glemte rent å spise. For Peik fortalte om sine opplevelser[1] med de merkeligste Ondursenske uttrykk—men da den lille rosenrøde[2] munn til slutt kom med at bestemor med hørerøret, henner er et riktig stasfruentimmer,[3] ser du, onkel—da lo onkel Pavel så han rystet.

Da de hadde spist, knyttet Peik et håndkle[4] om halsen og vandret ut til Blom.

"Jeg skal vel tørke skjeer," sa han.

"Nei, velsigne[5] ham, han skal drikke kaffe med professoren han," sa Blom, som nå ble mildere.

Onkel Pavel sank ned i sin store lenestol,[6] tente pipa, og strakte bena utover golvet. Og en liten stund etter snorket han.

"Hrrrrrr. Pyhhh."

Peik stod en stund og så på ham. Så gikk han bort og tok med fingeren på ryggen til de bøker han kunne nå, og gikk på tærne og så på alle tingene i værelset.

Men så var det ikke noe morsomt lengere. Det var ekkelt. Allting var så forferdelig ekkelt.

Peik gikk stille inn og fant Vesleblakka, og så kløv de to opp på en stol. Men om litt ble Vesleblakka satt foran stolen. Og Peik satte sofaputa ved siden av seg i stolen—den skulle liksom være Ondursen.

---

[1] en **opplevelse** [ˈɔpple:vəlsə] experience.   [2] rosy red.   [3] folk expression, something like 'swell old gal,' 'grand old dame.'   [4] [hɔŋkle:] dish towel.   [5] [velˈsiŋnə] -t bless.   [6] armchair.

Peik og Ondursen og Blakka satt ganske stille og så på onkel Pavel.

Men så var ikke det morsomt heller. Peik sukket dypt, la hodet ned, og et øyeblikk etter sov han med hele seg rullet sammen oppå Ondursen.

Det ringte på gangen.

Det ble hvisket[7] derute. Stille gikk døra opp, og inn kom Fjellmusen.

Hun ble stående og se først på onkel Pavel og så på Peik.

"Hrrrrrr. Pyhhh," sa onkel Pavel.

Fjellmusen fikk plutselig slik lyst til å le. Professoren var så komisk[8] når han sa "hrrrrrr" bak i nesen og "pyhhh" ut av den ene munnviken.[9] Hun måtte holde hånden for munnen, men hun kunne ikke holde seg likevel.

"Ha ha," brast det ut av henne.

Onkel Pavel våknet.

Han strakte seg, gapte,[10] og rettet på brillene.

"Ha ha," sa Fjellmusen igjen.

Nå fikk onkel Pavel øye på henne.

"Se se. Er den ærede unge dame der igjen. Tør man spørre om det er meg som er kilden[11] til frøkenens store munterhet?"[12]

"Ja," sa Fjellmusen og lo enda mere, "du er så morsom."

"Så jeg er morsom. Det var bra," smilte onkel Pavel. "Er det ellers indiskret[13] å spørre om hva som bringer meg æren av igjen å se den unge dame i mitt hus?"

Fjellmusen pekte på Peik.

"Jeg vil ha'n med på kino," sa hun.

Onkel Pavel tok et tak i brillene.

"Jeg svarte nei, såvidt jeg minnes," sa han—ikke fullt så vennlig.

"Ja men du ser da hvor kjedelig han har det, når han sover enda det er slikt godt vær," fortsatte Fjellmusen. "Forresten er *du* også bedt," og hun satte to blanke øyne på onkel Pavel. "Det er meg

---

[7] **det ble hvisket** impersonal expression, in which the real subject is understood from the context: 'there was whispering' i.e. they whispered.   [8] ['koːmisk] comical.   [9] the corner of the mouth.   [10] **gape, gapte, gapt** yawn.   [11] **en kilde** source.   [12] merriment.   [13] [indiskreː] indiscreet.

som har fått kinopenger av min onkel, skjønner du, og du sa du
måtte snakke med'n den første dagen. Derfor vil jeg be deg også—
og hu[14] tjukke sinte vil jeg også be, ellers blir hu vel enda sintere
på'n. Men dere får bare være med på én kino—vi skal gå på to."
Onkel Pavel så ut som om han hadde stor moro. Han var ikke
det minste sint. Ingen kunne bli sint på Fjellmusen.

"Mange takk, unge dame. Det er en meget elskverdig[15] og
smigrende[16] invitasjon,[17] men—"

"Vil du ikke?" spurte Fjellmusen meget forbauset. At noe
levende menneske sa nei til å gå på kino kunne hun slett ikke
forstå. Alle Fjellmusens lommepenger gikk til kino og til å kjøre
på trikken. Så langt de gikk—og hjem igjen. Bymusen måtte bli
med henne, skjønt Bymusen syntes det var "forferdelig kjedelig."

"Vil du ikke være med?" spurte hun engang til. Hun så på
ham. Kanskje han var sint fordi han bare ble bedt på en! Hun
trakk pengene sine fram og begynte å telle. Og så gikk hun helt
bort til onkel Pavel og sa strålende:

"Du kan få være med på to, du også, men ikke hun sinte. Jeg
har nok til deg, men ikke til henner. Du vet dere er så forferdelig
dyre," la hun til. "Dere koster mye mer enn oss, femogtyve øre
hver. Vi koster bare ti."

"Humhum," lo onkel Pavel. Han var aldeles rørt over at hun
var så ivrig etter å få ham med.

"Jaja unge gjestfri[18] dame," smilte han og rettet igjen på brillene,
"sa får jeg si så mange takk. Men bare til den ene. Og Blom
skal sikkert til sin forening,[19] så hun blir ikke med."

"Ja men når vi sparer henner, kan du være med heile tia," sa
Fjellmusen.

Peik ble vekket.

"Ondursen," sa han da han våknet—og så seg litt forvillet[20]
rundt.

Et kvarter etter var professor Pavel Benedikt Hennemann på vei

---

[14] **hu tjukke sinte** 'she, the plump angry one' (Blom).   [15] [elsk'værdi] gracious.
[16] **smigre, -t** flatter.   [17] en [invitasjo:n].   [18] -tt, -e hospitable.   [19] en [for'e:niŋ]
society (here probably Ladies' Aid).   [20] [for'villət] bewildered.

til kino med Fjellmusen og Bymusen ved sin side og Peik og Mariken hånd i hånd foran.

Professoren gikk og smålo.

"Nei, nei. Jeg må få lov å betale," sa han ved billettluken,[21] "i min tid var det aldri skikk at herrer lot damer betale for seg." Fjellmusens ansikt sloknet. Det var jo nettopp det som var det morsomste av altsammen, at *hun* skulle kjøpe og betale alle billettene—at hun var så rik at hun kunne betale, selv for en dyr voksen mann.

Professoren forstod. Han var forbauset over hvor lett det var å forstå barn. Han hadde alltid sett på barn som et nødvendig onde[22]—støyende,[23] skrikende, høyst[24] uvilisert.[25] Men de var altså virkelig tenkende vesener—vesener som det endog[26] kunne være moro å snakke med.

"Jaja, så betaler altså du," sa han.

Fjellmusen drog stolt inn med sine dyre gjester.

De skulle sitte på aller første benk naturligvis.

Det ble mørkt, forferdelig mørkt—det begynte å spille.

Peik stakk sin ene hånd i onkel Pavels, den andre var godt gjemt i Fjellmusens.

Onkel Pavel likte at Peik viste ham denne tillit.[27]

"Vil du kanskje sitte på mitt kne, unge venn, for bedre å kunne se?" spurte han.

"Jeg sitter som jeg sitter jeg. Ellers takk," svarte Peik.

Og så fikk de se sjøen med bølger og seilbåter—akkurat som hjemme. Og båtene kom seilende inn fra den ene siden og ut igjen den andre veien. Og der var levende mennesker som rørte på seg.

Peik trakk Fjellmusen i kjolen.

"Er det orntli?"

"Nei, det er bare bilder," sa Fjellmusen.

Peik ville ikke riktig tro på henne. Tenk bilder, hvor båtene seilte og menneskene levde.

Men rett som det var, var det forbi. Og det ble lyst igjen.

[21] en **billettluke** [bi'lettlu:kə] ticket window.   [22] [ondə]   evil.   [23] noisy.
[24] most.   [25] **usivilisert** [u:sivilise:rt] uncivilized.   [26] even.   [27] [tilli:t] confidence.

"Var det morsomt, unge mann?" spurte onkel Pavel.

"Jamen, hvordan kom båten og vannet inn her?" spurte Peik.

Og så forklarte onkel Pavel at det var fotografier[28]—en lang, lang film[29] med mange hundre fotografier for hvert bilde—derfor så det ut som om allting rørte seg. Onkel forklarte grundig[30] og videnskapelig[31] og ganske uforståelig. Og Peiks øyne stirret anstrengt[32] på ham. Det var så forferdelig at han aldri riktig kunne skjønne hva onkel Pavel sa. Peik sukket. Ondursen hadde nok sagt det med engang, han, slik at det ikke var vanskelig å skjønne. Så ble det mørkt igjen.

Men da ble det moro.

En mann hadde gjort noe galt. Og så kom en konstabel og var etter ham. Og den konstabelen var den farligste og forferdeligste mann Peik hadde sett. Han hadde en arm så lang, så lang at den kunne rekke opp over husene og inn av vinduene og hente mannen. Og den armen krøp ned gjennom ovner og piper og rundt gatehjørner. Den var aldeles forferdelig.

"Pass meg," sa Peik ganske stille til Fjellmusen. Og Fjellmusen tok ham så hardt om livet[33] at han nesten ikke kunne puste. Men da armen krøp liksom ut av bildet, ble Peik likevel så redd at han skrek høyt.

"Han tar meg," skrek han. Og gikk på hodet i Fjellmusens fang.

Alle lo. De lo bortover alle benkene.

"Tenk Pennemann er redd," sa Mariken voksent—og høyt—forat alle skulle høre at _hun_ ikke var det minste redd. For det var ikke så svært lenge siden at en løve[34] nesten hadde skremt livet av Mariken på kino. Alle kunne se hvor forferdelig løven brølte. Ja, Mariken var sint, da de to filletantene sa at Mariken slett ikke hadde hørt løven også. Mariken var aldeles sikker på at hun hadde hørt[35] det.

Ikke for det, selv Mariken følte seg litt lettet da det ble lyst, og

---

[28] et **fotografi** [fotografi:] photograph.   [29] film.   [30] thorough(ly).   [31] [viden'-ska:pəli] scientific(ally).   [32] ['anstrengt] with effort, strained attention.   [33] et **liv** waist.   [34] lion.   [35] This was of course in the days of silent films.

den lange armen ikke var der mere. Så kom det noen jegere[36] som gikk i høyt gress og alltid kom igjen på nye veier. Men det var ikke morsomt. Men så til slutt! Så hadde en hund stjålet ei pølse. Og så fløy de etter hunden. Ei kone med ei stekepanne[37] og menn og koner med barn. Og de fløy oppover trapper og nedover trapper og rundt hjørner og inn i butikker og veltet allting og seg selv. Og ut igjen. Men da de fikk fatt i hunden, hadde den spist opp pølsa. Det var aldeles forferdelig morsomt.

De lo over hele kinoen. Og Peik var så vill at han kløv opp og stod på stolen og klappet i hendene og viftet og skrek—så onkel Pavel måtte trekke ham ned på sitt kne, da de som satt bakafor sa at han skulle sette seg.

Han var svært skuffet da det var slutt. Dette med hunden var den største moro Peik i hele sitt liv hadde hatt.

"Vi skal på én til," sa Fjellmusen stolt. Og de gikk på én til. Men da ville onkel Pavel betale.

"Ja, så får du ha viljen din da," sa Fjellmusen—"så kan vi gå på et konditori[38] siden. Vi skal spise ei kake hver. Og du kan godt få to, hvis du ikke blir mett av ei," sa hun til professoren.

Men ingen ting var så morsomt som hunden med pølsa, syntes Peik.

På konditoriet traff onkel Pavel en annen mann, med to store gutter.

"Så De er også ute og morer ungdommen, professor," sa han.

"Nei så menn. Jeg er gjest. Det er ungdommen som har invitert[39] meg."

Onkel Pavel var virkelig stolt. Især da Fjellmus tok ham i hånden og sa:

"Du er forferdelig hyggelig, onkel Pavel. Vi vil besøke deg hver dag, hvis vi får tid."

Om han nå ikke nettopp ville ønske seg besøk hver dag, så følte onkel Pavel det allikevel som en stor ære å være hyggelig og kalles onkel Pavel av denne lille damen.

---

[36] en **jeger,** **-e** hunter. [37] frying pan. [38] et **konditori** [kɔnditori:] pastry shop. [39] **invitere** [invi'te:rə], **-erte, -ert** invite.

Og da han gikk opp og ned i stua si om aftenen, mens Peik alt
lå og drømte om en hund som spiste av ei pølse som var så lang
som hele veien til Osen hjemme, så måtte han smile. Han hadde
virkelig ikke på lenge moret seg så godt, professor Pavel Benedikt
Hennemann.

10

Dagen etter regnet det.

Det plasket og sprutet[1] mot vinduet. Og innafor i kontoret satt
onkel Pavel ved sitt skrivebord og leste og røykte på sin lange pipe.

"Hva gjør du, unge venn Pavel?" ropte han inn i spisestua.

Ikke svar. Men et øyeblikk etter kom Peik roende bortover
golvet på ei av sofaputene. Han rodde seg framover med armer og
ben—like bort til onkel.

"Hva er det du vil, unge mann?" spurte onkel.

"Du må ikke snakke, for du er dampbåt, onkel Pavel. Og
pass på pipa di, for nå går jeg ombord i deg."

Og Peik kløv opp på onkel Pavels kne.

Et øyeblikk etter var han nede igjen.

"Røyk så mye du orker nå, for nå går du videre, skjønner du, og
jeg er eksplosjonsbåten[2] som reiser hjem igjen."

Ekspedisjonsbåten drog igjen inn i spisestua, og onkel Pavel leste
videre.

Da ringte det. Og inn kom ei pike, bærende Mariken i et sjal,[3]
med så mange dukker som hun kunne holde i armene.

"Frua sa professoren måtte riktig unnskylde så mye, men når
Mariken vil noe, så kan en ikke styre henne," sa pika.

"Jeg vil være her," sa Mariken.

"Så så. Den aller yngste dame vil vise oss den ære. Værsågod,
lat som du er hjemme," sa onkel Pavel.

Den aller yngste dame spredde dukkene sine ut over sofa og
stoler, og lot Peik vite at disse var hans barn, og han skulle passe
dem og oppdra[4] dem så godt han kunne, mens hun, mor deres, gikk
ærender i byen—bak onkel Pavels skrivebord.

---

[1] **sprute, -t** squirt, splash. [2] The "explosion boat," Peik's mispronunciation of
ekspedisjonsbåt, the tender (see page 37, note 7). [3] shawl. [4] [ˈɔppdra:],
oppdrog, oppdratt bring up (children).

Men da mor kom hjem, hadde den slemme faren stukket en av døtrene sine med onkel Pavels saks, så alt det som var inni henne hadde falt ut—fordi far ønsket å "se om henner blødde."

Og da henner ikke blødde, mistet far all interesse for barna sine, og sa at han ville ha sin sydvest og oljekappe og gå ut, for han og Ondursen gikk ut når det regnet.

Mor Mariken ble sint, samlet barna sammen, noen med hodet opp og noen med bena opp, og gikk gråtende til onkel Pavel, som måtte være "bestemor." Og bestemor Pavel måtte forlate bøkene sine og trøste den ulykkelige mor med julekake.

Så sluttet det å regne. Mor og far fikk lov til å bringe sin store familie over til deres rette hjem.

Dukkene var brakt inn hos Marikens bestemor, og Peik og Mariken vandret ut—først i hagen, men der var det vått og ekkelt enda og ikke morsomt—og så ut på gata.

Der kom ei vogn kjørende. Vognmannen så nesten ut som Ondursen, når Ondursen hadde regnkappa[5] på seg. Og det satt ingen inni.

"Ptro,"[6] sa Peik og stillet seg i veien.

Vognmannen stanset.

"Skal De kjøre?"

"Ja," sa Peik.

"Har De penger da?" spurte vognmannen.

"Jeg pleier å kjøre uten penger," sa Peik.

"Hvor skal De hen da?"

"Kjøre," sa Peik.

"Vi skal bare kjøre for moro skyld," forklarte Mariken.

"Nå så," sa mannen. "Ha dere opp i da, så kan dere bli med et stykke."

Det unge par klatret opp. Og kjørte stolt avsted. Gate opp og gate ned. Så stanset vognmannen.

"Ja, nå får dere gå utav vogna. Kan dere nå finne samme veien hjem igjen da?"

"Ja," sa Peik. Han hadde ingen anelse om hva han svarte på, for han bare stirret inn på ei stor grønn mark hvor det sprang noen

---

[5] **regnkappe** raincoat. [6] whoa.

gutter og sparket en ball som var så svær, så svær, ja større enn et menneskehode.

"Fotball," sa Mariken voksent.

"Kan du det?" spurte Peik.

"Naturligvis," sa Mariken.

"Har du gjort det noengang da?"

"Nei.   Men jeg kunne det godt, hvis jeg gjorde det noengang." Mariken var aldri i tvil om sin egen dyktighet.[7]

De stod lenge utafor gjerdet og så.

"Jeg kan spille tennis også," sa Mariken.

"Hva er tennis?" spurte Peik.

"Det er med hendene og med små baller og balltrær[8] som heter raketter,"[9] sa Mariken, "jeg har sett på to ganger.   Og nå må vi gå hjem."

"Husker du veien?" spurte Peik.

"Nei.   Gjør du?"

"Nei," sa Peik, "vi går her."

Og de gikk og de gikk.   De kjente seg ikke igjen noensteds.   Til slutt stod de utafor et rødt hus med ei stor trapp.

"Vi går op og aker[10] ned igjen," sa Peik.

"Vi kan gå inn," sa Mariken, da det gikk mennesker opp av trappa og ble borte inne i huset.

De gikk inn.   De ble stående ganske stille og holde hverandre i hånden.

Rundt omkring stod eller satt eller lå svære, hvite steinmennesker. Peik hadde bare ett sted sett noe likt dette.

"Bruker de å ha kirkegården inne—i *denne* byen?" spurte han en stor gutt med bøker under armen.

"Dette er skulpturmuséet,"[11] sa gutten med dyp stemme.

"Å nå," sa Peik—han ville ikke engang tenke på å forstå det forferdelige ordet.

"Hvem er de menneskene?   Og hvorfor har de skåret av henner armene?"

---

[7] capacity, skill.   [8] et **balltre** [balltre:] bat.   [9] en **rakett** [rakett] racket. [10] **ake, akte, akt** slide (on the banister).   [11] et **skulpturmuséum** [skulp'tu:rmuse:um] museum of sculpture.

"Det er Venus. Hun er gudinne," fortalte den store gutten.
"Kona til Gud?" spurte Peik med store alvorlige øyne.
Men da måtte gutten le. Og det ble Mariken så fornærmet[12] for
at hun trakk Peik vekk.
"Jeg synes det er ekkelt når noen ler av noen," sa Mariken.

Venus fra
Milo.

Laokoongruppen.

De gikk gjennom alle værelsene. De så en mann som ble bitt
av slanger, og de så en svær mann som det krabbet små menneske-
barn på.
"Han kan jeg," sa Mariken strålende. "Det er Gulliver i Lille-
putt."
"Nei, mitt barn, det er Nilguden,"[13] sa en snill gammel herre.
Mariken rystet skråsikker[14] på hodet.
"Det er Gulliver," sa hun til Peik. "Voksne er så dumme."
De gikk opp trappa. Og der var det enda mye morsommere.
Der hang store bilder—mange værelser fulle. Noen var morsomme
—med mennesker og barn og dyr—og noen var pene med trær og
hus og sånt.
De glemte middag og hjemme og allting. De merket ikke at
de til slutt var ganske alene. En mann kom og sa at nå måtte de
gå, nå skulle muséet lukkes.

¹² [fɔr'nærmət] offended. ¹³ the Nile God. ¹⁴ cocksure.

De stod igjen på gata.   De følte plutselig at de var svært sultne.
"Vi må fly hjem," sa Peik.
"Hvem vei?" spurte Mariken.
De stod og så seg om.
"Kan dere ikke veien hjem?" spurte en stemme.   Det stod en
konstabel bak dem.

Nilguden.

Mariken fortalte både gate og husnummer,[15] og konstabelen
fulgte dem til de traff en annen konstabel.   Og så fulgte den kon-
stabelen dem videre.
"Det er akkurat som vi er fulle menner,"[16] sa Peik stolt.   "On-
dursen fortalte at politi[17] måtte følge fulle menner og sålessen."[18]
Da de kom i sin egen gate, kom Fjellmus og Bymus løpende mot
dem.
"Nå får dere juling," sa Fjellmus, "vi har lett etter dere i alle
hager ei hel mil sikkert."
Men da de kom hjem, stod onkel Pavel og bestemor og hørerøret
og snakket sammen på bestemors veranda.   Og gleden var stor.
"De burde nå hatt juling likevel," sa Fjellmus.
Det samme mente Blom, men hun sa det ikke høyt.
Onkel Pavel ville ha en forklaring om hvordan Peik hadde til-
brakt[19] sin formiddag, men på grunn av at den unge herre var meget
sulten, skulle han vente "til vi kommer over," sa Fjellmus.

---

¹⁵ et [hu:snommər] house number.   ¹⁶ childish plural of **mann** ("mens").
¹⁷ **-et** [politi:] (the) police.   ¹⁸ see note 6, page 53.   ¹⁹ **tilbringe, tilbrakte, tilbrakt**
pass.

11

Peik spiste som en ulv. Han hadde ikke tid til å fortelle det minste grann. Men plutselig la han kniven ned. "Onkel Pavel, kan jeg slippe å spise fint? For jeg blir så sent mett av det."

Peik hadde samvittighetsfullt[1] strevd med å få frikasséen[2] til å ligge på kniven. Men det var så vanskelig—enda han holdt kjøttet fast med den andre hånden, seilte det ned på veien til munnen.

Onkel Pavel så opp. Han hadde naturligvis aldri lagt merke til hvordan Peik spiste.

"Du spiser da ikke med kniven, unge mann?"

"Jo, Ondursen sa jeg måtte når jeg kom til deg. Men jeg *pleier* ikke å være så fin," sa Peik ærlig.

"Humhum," lo onkel Pavel. "Du skal slippe for denne fornemhet,[3] min venn. Dessuten skal jeg si deg at jeg og flere med meg ikke er så ganske enig med den utmerkede mann Ondursen i at det er nødvendig å spise med kniv for å være fin."

"Må jeg ikke spise med kniven mer?" spurte Peik strålende, og la den bort.

Onkel Pavel hadde bestemt forbudt ham å gå ut av huset mer den dag. Derfor drog begge Musene og Mariken inn i hans spisestue straks etter middag, med papir og blyanter, så da Blom om aftenen kom inn for å dekke bordet, fløt det kunstverker over alle stoler og bord.

Peik hadde tegnet Fjellmus og Bymus, og dessuten det han hadde sett om formiddagen, både Venus og Nilguden og Laokoon, han med slangene. Og Fjellmusen skrev navnene under.

Onkel Pavels middagslur[4] ble kort den dag, for de fire tungene i spisestuen gikk like fort som blyantene.

"Ja, så får den unge herre og den aller yngste dame fortelle om sitt rømningsforsøk[5] da," sa onkel Pavel. Han satte seg og sin kaffekopp og sin pipe ved siden av kunstnerne.

"Først så kjørte vi," sa Peik. "Og siden så vi fotball."

---

[1] **samvittighetsfull** [sam'vittihetsfull] conscientious(ly). [2] **frikassé** [frikase:], **-en** fricassee. [3] [fɔrnemhe:t] elegance. [4] nap after dinner, siesta. [5] attempt to run away (**rømme** + **forsøk**).

"Stopp stopp.   *Hvem* kjørte dere med?"

"En mann vel."

"Og en hest," hjalp Mariken.

"Meget oplysende.[6]   Mange takk," smilte onkel Pavel.

"Og han sa vi skulle gå hjem igjen.   Og så kom vi til stein-
menneskene.   Men de var bare hvite.   Og en var diger, og det
krøp barn på hele maven hans.   Her er'n."   Og Peik trakk fram
sin tegning.

"Gulliver," forklarte Mariken.   Og både Fjellmus og Bymus var
aldeles enig i at han måtte være Gulliver med lilleputtmenneskene.
Ingen av dem trodde onkel Pavel, da han sa det var Nilguden.—
"Og her er henner som de har skåret av armene," forklarte kunst-
neren videre.

Onkel Pavel lo så han ble rød i ansiktet, da han fikk se Venus de
Milo med mavebelte[7] og svømmeføtter.[8]

"Hvorfor ler du?" sa Mariken strengt.

"Jeg—humhum—jeg ber så meget om unnskyldning.   Jeg kjente
henne ikke ganske med det samme—jeg tok litt feil av hennes klær.
Jeg husker litt dårlig somme tider, strenge dame," sa onkel Pavel.
"Men det ligner jo Venus de Milo akkurat, især armene."

---

[6] ['ɔpplyːsənə] enlightening.   [7] (et) girdle (**mave** + **belte**).   [8] web feet.

"Det var noen som var bare mave og hverken hadde armer eller bein eller hode," fortalte Peik. "Og så var det en mann med to gutter som det fløy slanger oppetter. Og de skrek så fælt."

Onkel Pavel var begeistret.⁹ En kunne ikke ta feil av det bildet, sa han. Og så fortalte han om Laokoon, som i Trojanerkrigen¹⁰ for lenge lenge siden hadde advart¹¹ trojanerne,¹² dengang fienden, grekerne,¹³ hadde latt som de var reist sin vei, og gjort en stor trehest og satt igjen, og gjemt seg inni dens mave og ville narre trojanerne til å dra hesten innafor murene. For i den tiden var det murer rundt alle byer, for de var så forferdelige til å krige.¹⁴

Han med ormene Lokom

Og trojanerne lot seg narre og trodde trehesten var et hellig dyr, og om natta sprang grekerne ut av hestens mave og tok byen. Men Laokoon, som var prest i Apollons¹⁵ tempel, han ble drept sammen med sønnene sine av slanger som kom svømmende gjennom vannet. Og siden gjemte slangene seg i templet. Tre forferdelig flinke billedhuggere¹⁶ gjorde den statuen¹⁷ til minne om Laokoon.

⁹ [be'geistrət] enthusiastic. ¹⁰ [tro'jɑːnər-] the Trojan war. ¹¹ **advare** ['ɑːdvɑːrə], -varte, -vart warn. ¹² en **trojaner** [tro'jɑːnər] Trojan. ¹³ en **greker,** -e Greek. ¹⁴ make war. ¹⁵ **Apollon** [a'pɔllɔn] Apollo, Greek Sun God. ¹⁶ en **billedhugger** sculptor. ¹⁷ en **statue** ['stɑːtuə] statue.

Kunstnerne var meget interesserte. Peik ville især høre om trehesten.

"Vi så ovenfor steinmenneskene et bilde hvor hestene travet i bare lufta, og ei dame red med en svær stokk i handa og håret ute," forklarte Peik. "Jeg kan tegne det, hvis du vil."

Onkel Pavel ville. Og Peik tegnet Valkyrien.[18] Og alle tre venninnene mente at Peik ville bli berømt for tegningene sine.

"Men skulle vi så ikke forlate kunsten og få vite hvordan dere fant veien hjem?" spurte onkel Pavel videre.

"Vi var fulle menner, og politi tok oss hjem," fortalte Peik stolt.

"Nå så—humhum."

Men til slutt ble det litt for livlig for onkel Pavel. Han fikk en plutselig lyst til å "se litt til hagen." Og da han kom opp, sa han at Peik trengte å komme i seng øyeblikkelig etter den anstrengende[19] dag.

"Vi kommer igjen imorgen tidlig," sa Fjellmus da hun gikk— etter å ha gitt bildene de fine, riktige navnene, som hun husket at onkel Pavel hadde sagt dem.

Så tente onkel Pavel sin leselampe, rullet ned gardinene[20] og "gjorde vinter," som Peik sa, da han kom på bare ben i sin lille skjorte for å si god natt.

"Ja ja. Det er ikke så greit," sa onkel Pavel, da den lille nattskjorta hadde reist inn igjen. Han strøk seg over pannen, onkel Pavel—det hadde vært to ganske anstrengende dager.

Mariken skulle begynne på en skole hvor det gikk både piker og gutter. Og hun og Peik ble straks enige om at der skulle han også gå. Men onkel Pavel hadde snakket med overlæreren om tingen. Og overlæreren mente at fellesskole[21] var noe frisinnet[22] nymotens[23] for/ervelig[24] kram.[25] Og så mente onkel Pavel også det, og sa at

---

[18] painting of a valkyrie, one of the women in Old Norse mythology who were sent out by Odin to pick the dead warriors going to Valhall. [19] ['anstreŋŋənə] strenuous. [20] **gardiner** [gar'di:nər] curtains, shades. [21] school for boys and girls. [22] radical. [23] newfangled. [24] **fordervelig** [fɔr'dærvəli] pernicious. [25] (et) trash.

Peik skulle på en ordentlig gutteskole—og det på den eldste som fantes.

Peik brydde seg ikke. Han visste jo ikke engang hva skole var—og Mariken var han sammen med likevel.

Onkel Pavel hadde spist sine måltider til vanlige tider. Han hadde gått sine vanlige turer, og han satt til vanlig tid på biblioteket[26] og leste. Men. Men. Det hadde flyttet et lite uroens grann inn i hans liv. Han følte seg aldri ganske rolig—visste ikke riktig hvor han skulle snu seg. Det var akkurat som å ha ei mus i værelset.

Peik hadde sett mye av byen, takket være Fjellmus, som hadde "lånt" ham og Mariken en dag og dratt dem med seg i fire forskjellige trikker—de farlige rare vognene som gikk av seg selv uten hest. Fra begynnelsen til enden hadde de kjørt. De hadde stått foran[27] alle tre og hatt det "skrekkelig morsomt," etter det Fjellmus fortalte. Peik var i grunnen mest redd, men når det *skulle* være morsomt, så sa han også at han syntes det var morsomt. Men Mariken satte sine ærlige grå øyne på Fjellmus og sa: "Du har så mange rare synser,[28] Fjellmus."

Peik hadde fortalt om sin høyt elskede Ondursen, og Fjellmus hadde skrevet brev som hun hadde lovt. Hun skrev hvert ord som det kom fra Peiks munn. Brevet lød slik:

Skriv at her er ingen stall og han røyker hvor han vil. Og jeg ønsker jeg var der og hvordan lever Blaka? Skriv at her er mange mange store huser og vi reiste med bare ei vogn og ingen hest. Onkel Pavel er snill og vanskelig å skjønne og Blom er sint. Skriv at Blom er snill somme tider. Skriv at bestemora di hører med ei tobakkspipe og at dere er snille. Og ikke mere. Skriv at Ondursen og Blaka kan kjøre hit og bo her, hvis han har tid og jeg har opsalvert byens trivsel, bare jeg. Skriv adjø fra meg og her er ekkelt somme tider.

Og så klemte Fjellmusen Peiks lille neve fast om pennen og satte under brevet

Peik.

[26] et **bibliothek** [bibliote:k] library.　[27] (here:) on the front platform. [28] "thinks" (childish plural made by taking the verb **synes** and adding the noun ending **-er**).

12

Blom hadde spurt professoren—om det ikke var professorens vilje at hun lukket dørene for alle disse ungene.

"Om de bare fór med måte," sa Blom, "men når de kommer stormende tre mann høy,[1] og nesten river trappa ned og trekker søla[2] omkring på golvet, så synes jeg nå det blir for mye. Og fred fins det jo'kke for professoren mer i dette liv."

Men professoren sa nei.

"Gutten trenger omgang,[3] Blom," sa han.

Men da reiste Blom seg i sin velde.[4]

Skulle kanskje ikke professoren være god nok omgang for Pavel? Var ikke professoren den beste omgang noen kunne få—professoren som mangen gang snakket så ikke Blom selv engang skjønte det? Og hadde ikke gutten Blom også, som var så tålmodig som noen annen? Nei, gutten hadde det bra nok han. Men professoren mente allikevel at det fikk[5] bli så at småfrøknene fikk komme her.

Men da Fjellmus, Bymus og Mariken kom den tredje dag mens professoren enda var ved sitt "Morgenblad"[6] og sin morgenkaffe, spurte han ganske stille—om når skolen skulle begynne.

"Å—vi har hele uka igjen," sa Fjellmus. "Jeg skal ikke reise hjem før om ei uke, så vi kan komme mange ganger enda."

Onkel Pavel mumlet noe om "ikke å overanstrenge[7] seg"—men det var bare ett av onkel Pavels vanskelige ord som absolutt gikk dem forbi.

Men da Fjellmus bad om at Peik skulle få være hos tante Marie til middag og først gå på landtur med dem, var onkel Pavel forbausende villig til å si ja.

Så drog de.

Fjellmus var den som bestemte alt—hun var etter fjorten dager bedre kjent på alle kanter av byen enn Bymus som hadde levd der bestandig.

---

[1] three of them all at once, one on top of another. [2] **søle,** *def.* **søla** mud. [3] **-en** company, social life. [4] [veldə] majesty. [5] would have to; for this meaning see *BN*, Rule 19. [6] Morgenbladet [mɔːrnblaː] a leading conservative newspaper in Oslo. [7] ['ɔːvəranstreŋə], **-strengte, -strengt** overexert oneself.

De skulle til Hovedøya.[8]

"For der er det et kloster,"[9] sa Fjellmus, "og jeg har aldri sett munker[10] og nonner[11] unntagen på bilder."

Det gikk en stor båt til Hovedøya, men de ville heller ro. Og Fjellmus tinget[12] med romannen.

"Du er svært dyr, men det er vel ikke annen råd," sa hun.

Og så rodde de.

Men sjøen og båten og mannen som tygget tobakk og rodde minte Peik om hjemme. Han satt ganske stille—så kom det et tungt sukk opp fra den lille sweater,[13] Peik la seg ned i Fjellmus's fang og sa:

"Jeg vil ikke være her mere. Jeg vil reise hjem til Ondursen."

Øyeblikkelig ble en hel neve klissent[14] sukkertøy[15] stukket inn i hans munn av Fjellmus. Og Marikens rolige stemme sa:

"Jeg skal si til onkel Pavelen din at du skal få komme hjem igjen, hvis du vil. Men da har du ikke oss."

Det siste gjorde inntrykk[16] på Peik. Han svelgjet sitt sukkertøy og sine begynnende tårer.

"De har vel billett?" spurte romannen da de nærmet seg øya. "Ingen får lov å gå i land uten en billett fra kommandanten."[17]

Nei, de hadde naturligvis ikke noen billett.

"Er det fest der da?" spurte Bymusen.

"Tøv.[18] Vi kan vel gå i land på ei øy uten billett," sa Fjellmus.

"Kanskje de som bor i klostret ikke vil ha fremmede."

"Det kan ikke bo noen i det klostret," lo romannen.

"Jo du—der bor munker og nonner. Og får vi ikke gå i land på brygga, kan du jo ro oss et annet steds, så vi kan gå i land på stranda. Jeg har aldri sett munker og nonner før, og jeg vil i land," sa Fjellmus.

[8] island in the Oslo fjord, where the government now has its munitions arsenal (the name means 'head island'). [9] [klɔstər] monastery (the monastery on Hovedøya was founded in 1147 by Cistercian monks from England; it was destroyed at the time of the Reformation; ruins dug out in 1850). [10] en **munk** [moŋk] monk. [11] en **nonne** [nɔnnə] nun. [12] **tinge, -t** bargain. [13] ['svettər] an English word occasionally used in modern Norwegian. [14] **klissen** sticky. [15] [sokkərtøy], -et candy. [16] et **inntrykk** impression. [17] en **kommandant** [komandant] commandant. [18] (et) nonsense.

Peik stirret beundrende på henne som torde si imot den store mannen, han som hadde dem allesammen i sin makt.

"Er *du* noengang redd?" spurte han.

"Jeg kjenner aldri etter om jeg er det," svarte Fjellmus.

Romannen var snill—han rodde rundt øya—men det var jo ganske naturlig at han det gjorde—Peik hadde jo gitt ham hele sin sjokoladeplate,[19] fordi han var stor og farlig og hadde makta. De rodde inn mot stranda.

"Munkene og nonnene bader," sa Peik plutselig og strakte en tynn pekefinger ut mot et stort badehus, hvor en hel del mennesker svømte omkring.

Romannen lo, så han holdt på å miste årene.

"Jamen[20] var det rare nonner det," sa han, "det er soldatene som bader her."

De rodde enda lenger inn og gikk i land.

"Skynd dere nå og klyv i land, men mere enn et kvarter venter jeg ikke," sa romannen. "Gå opp på den bakken der så ser dere klostret. Det er farlig her skal dere vite, for det er krutt[21] i alle husene her, og springer[22] dem[23] i lufta, så blir det ikke filla igjen, hverken av oss eller hele byen."

"Jeg kan heller bli her hos deg jeg," sa Peik fort, "så har du det ikke så ekkelt alene."

"Å, *så* farlig er det ikke. Bare gå med," lo romannen. Og så krabbet de oppover. De skyndte seg forbi et rødt murhus[24] med høyt gjerde så fort bena kunne bære dem. Peik travet ved Marikens side. De to tok ikke øynene fra huset før de var vel forbi—ja Peik syntes nesten det rørte litt på seg.

De stod på bakken.

De så tre hvite hus med rødt tak på forskjellige kanter—men hvilke av disse var klostret, kunne de ikke bli enige om.

"Dernede har vi en gammel potetkjeller," sa Fjellmusen, "slik en har vi heime på prestegården også, men ikke så diger."

---

[19] [ʃokoˈlaːdəplaːtə] chocolate bar. [20] [jammən] indeed, to be sure. [21] -et gunpowder. [22] **springe i lufta** blow up. [23] **dem** popularly used instead of the subject form **de** in the dialects of eastern Norway. [24] brick house.

Da hørte de plutselig et skudd—og ett til—og ett til.

"Kruttet!" skrek de alle på en gang.

De løp over hverandre, snublet og trillet nedover.

"Vi drukner, vi drukner," skrek Peik. Annen dødsårsak[25] kjente han ikke til.

De sprang for livet.

Plutselig falt Peik og ble liggende alene et langt stykke bak de andre.

"Vi har mistet Pennemann," sa Mariken og stanset med ett. De andre løp enda et stykke, før de merket at de bare var to.

Mariken hjalp Peik opp.

"Tror du jeg er død?" sa Peik i den dypeste redsel.

"Nei, for du kan jo snakke," sa Mariken. De tok hverandre i hånden og sprang etter de andre som nå hadde stanset.

"Vi tar likså godt en hver på ryggen av de små," sa Fjellmusen, "du kan ta Mariken, for hun er så lett som ei fjær."

Så løftet hun Peik opp på seg. Han tok et tak om Fjellmusens hals og gled så langt nedover hennes rygg at det var såvidt hendene rakk sammen om Fjellmusens hals. Fjellmus drog hans ben inn under sine armer og sprang avsted med Peik slengende som en liten fylt sekk bakpå. Og hele tiden hørte de skuddene—tett sammen.

De ventet hvert øyeblikk å finne seg selv sendt til himlen.

Endelig nådde de båten. Musene dryppende av anstrengelse[26] og de små halvdøde av angst.

De veltet opp i båten.

"Ro, ro, hører du ikke vi springer i lufta," ropte Bymusen.

Romannen tok langsomt årene, og spyttet, smilte bredt og spurte: "Var det skuddene dere fløy for? Jeg trodde han var etter dere fordi dere ingen billett hadde. Dette er ikke farlig—dem bare øver[27] seg og skyter her somme tider,—dem der—nonnene som bader derborte."

De var svært flaue. Peik og Mariken trodde forresten ikke hva mannen sa—de var aldeles sikre på at det ene huset hadde rørt på seg.

[25] ['døtsɔːrʃaːk] cause of death. [26] en ['anstreŋŋɔlsɔ] exertion. [27] øve seg, øvde, øvd practice.

"Hvilket hus var klostret?" spurte Fjellmus.

"Så dere ikke murene? Det er ikke mer enn kjelleren igjen," sa mannen, "det er nok flere tusen år siden det var munker og nonner på Hovedøya."

"Men du sa at du trodde *han* var etter oss," sa Fjellmus—"mente du ikke han som er over munkene?"

Nei, det var da opsynsmannen[28] han hadde ment.

"Er du svært flink i historie?" spurte Fjellmus igjen.

"Åforslag?"[29]

"Jo, du sa jo at det var munker for mange tusen år siden. Og jeg kan ikke lenger enn til Harald Hårfagre[30]—i Norge og ellers til Kristus."[31]

"Det er mye det," svarte mannen.

"Å ja, det er ikke så lite," sa Fjellmus og satte sin brune nesetipp[32] i været, "men aldri skulle jeg vel ha reist hit, hadde jeg visst at klostret bare var den svære potetkjelleren."

"Bestemor sier du skal ikke snakke så stygt, Fjellmus," sa Mariken strengt.

"Hun kan vel ikke høre helt hit, vel," svarte Fjellmus.

Men Peik satt stille og hørte på dem. Han var slett ikke sikker på den pipa som bestemora hørte gjennom,—akkurat som med kikkerten[33] hjemme som de kunne se dampbåter med, som bare så ut som en liten maur når man så dem med alminnelige øyne.

Han kom igjen til å tenke på hjemme. Og sukket dypt.

"Hvorfor gjør du sånn?" spurte Mariken.

"Jeg spikkelerer[34] på viktige tingen," sa Peik. Når Ondursen en sjelden gang ikke ønsket å snakke, var det alltid fordi han spikkelerte på viktige tingen.

Og så la han plutselig sin hvite lugg[35] igjen ned i Fjellmusens fang og gråt.

---

[28] en **oppsynsmann** caretaker, watchman.   [29] (vulgar) 'how's that?'   [30] Harold the Fairhaired, king of Norway about 880–930, the first to unite Norway into one kingdom.   [31] Christ (she means here the birth of Christ).   [32] tip of the nose.   [33] en **kikkert** telescope.   [34] **spikkelere** [spikkəle:rə] Ondursen's mispronunciation of **spekulere** [speku'le:rə] speculate, ponder.   [35] forelock, head of hair.

"Hva gråter du for?" hvisket Fjellmus og klappet opp og ned over det lille øret, så det ble ganske rødt.

"Ohonduhursen," gråt Peik. Og så sovnet han i Fjellmusens sterke arm. De måtte ryste ham våken da de kom til byen.

13

Da de kom hjem, var det nesten middag, men Fjellmus sa at de andre kunne bare gå inn. Hun hadde noe å snakke med onkel Pavel om.

Og igjen stod Fjellmus for onkel Pavels briller og flagrende hår.

"Men kjære unge dame, hva er det nå igjen?" vendte onkel Pavel seg litt utålmodig fra sin bok.

"Han trives ikke," sa Fjellmusen bestemt, "han gråter bestandig for Ondursen. Jeg ville ikke bo i byen jeg heller. Ikke for ti kroner engang."

"Hva—hva var det?" spurte onkel Pavel.

"Jeg synes du skulle sende'n heim igjen. Vår hund ble gitt bort engang, men han lengtet[1] så til prestegården at han ville ikke gjøre nytte for seg. Og så måtte'n komme igjen. Kan ikke Ondursen liksom være onkelen hans?"

"Humhum," smilte onkel Pavel, "meget unge og meget ærede dame, med all aktelse[2] for den store hr. Ondursen, tror jeg knapt han passer til å opdra[3] Pavel Benedikt Hennemann. Det er forresten ganske underlig at du skulle nevne dette nå—jeg har nettopp hatt brev fra unge Pavel Benedikts tyske tante, som ønsker å vite litt om ham. Det skulle ikke forbause meg om hun ville gjøre noe for gutten. Hun er nok både rik og barnløs."

"Da skulle han altså komme dit hvor han ikke skjønte et eneste ord," sa Fjellmusen sint. "Han har vanskelig nok for å forstå deg."

"Meg?" spurte onkel Pavel forbauset.

"Nettopp, ja. Du snakker så mye som ikke han skjønner. Du bruker slike fine ord," sa Fjellmus.

"Gjør jeg det, unge dame?"

Onkel Pavel tenkte seg om.

[1] **lengte, -t** long. [2] **aktelse, -n** respect. [3] [ˈɔppdra:] bring up.

"Kunne du ikke gi meg et eksempel. Så kunne jeg bedre utpønske[4] din mening, og kanskje forbedre[5] meg."

"Du velger alltid de vanskeligste ordene du kan finne," sa Fjellmus åpent. "Vi sier finne ut, men du sier utpønske."

Onkel Pavel nikket. "Du har rett, unge dame. Men mitt språk er jeg redd for at jeg ikke kan forandre. Du får hjelpe meg på annen måte."

"Jeg skal prøve," sa Fjellmus. Hun satte seg i gyngestolen[6] og tenkte.

Og onkel Pavel la hendene på ryggen og begynte sin vandring på golvteppet. Og tenkte også. Og jo lengere han tenkte, jo alvorligere ble han.

Han stanset foran Fjellmus.

"Hør, si meg," sa han, "mener du at—han—at den unge mann ikke finner glede i mitt selskap?

"Du vet han liker deg nok. Det gjør vi alle sammen, for du er svært hyggelig, onkel Pavel," sa Fjellmus.

Onkel Pavel rødmet.[7]

"Mange takk. Mange takk."

"Men Blom er en havgasse,[8] ser du. Hun liker ikke oss. Og hun liker ikke at du liker oss," fortsatte den skarpsindige[9] Fjellmus.

"En—hva var Blom, sa du?" spurte onkel Pavel forbauset.

"Havgasse, sa jeg."

"Tør man spørre hva slags dyr det er? Det smaker av både fugl og fisk, synes jeg."

"Vet jeg det? Bestefar brukte å si havgasse om sinte gamle damer. Det er et forferdelig kjekt[10] ord, synes du ikke?"

"Så menn, så menn, unge dame. Men Blom er en aldeles utmerket person. Kanskje litt for renslig, men ellers ut-mer-ket på alle måter. Nei, Blom kan jeg ikke avskaffe."[11]

---

[4] excogitate (figure out). [5] **forbedre seg** [for'be:drə], -t improve. [6] en **gyngestol** rocking chair. [7] **rødme, -t** blush. [8] name of a seabird, colloq. used for a scold, a shrew, a 'terror.' [9] **skarpsindig** [skarp'sindiˑ] clever, observant. [10] **kjekk, kjekt, kjekke** grand, 'swell,' 'keen.' [11] ['aːvskaffə], -t abolish.

"Kunne du ikke flytte til Ondursen? Eller Ondursen kunne komme hit og bo her?"

Fjellmus var fast bestemt på å ordne Peiks liv. Hennes varme lille hjerte var helt fylt av Peiks sorg. Det var noe som hun slett ikke kunne forstå dette å kunne sette seg til å være bedrøvet midt mens de alle sammen hadde det morsomt. Peik måtte være ganske forferdelig bedrøvet, når slikt kunne hende.

"Flytte? Jeg?"

Professoren ble ganske forbløffet[12] ved tanken.

"Nei nei, unge dame. Jeg håper å få guttens hus solt snart, så har han de pengene, men jeg—"

"Eier Peik et helt hus alene? Kan en *gutt* være så forferdelig rik? Vi har bare en prestegård sammen alle sammen. Og det er ikke fars engang, men Norges."[13]

Blom stakk hodet inn og meldte at maten var på bordet. Hun så *ikke* opmuntrende[14] på Fjellmusen.

"Hun er riktig sint på oss," sa Fjellmus. "Men nå må jeg gå— jeg kommer igjen i ettermiddag og snakker om Peik. Adjø så lenge, onkel Pavel."

14

Men de kom ikke til å snakke om Peik i ettermiddag.

Tre timer etter lå Peik i senga si med oppkastelse,[1] feber[2] og vondt i hodet. De skulle i middagshvilen se hvem som torde hoppe høyest, for gardintrappa[3] stod ute. Så hadde Peik klatret helt opp og hadde falt bakover og slått seg i hodet.

Og nå satt doktoren som bodde nedenunder der med klokka i den ene hånd og den andre om Peiks tynne håndledd[4] og talte pulsslagene,[5] mens onkel Pavel stod ulykkelig og hjelpeløs og så på.

Og begge Musene og Mariken krøp sammen i onkel Pavels lange,

---

[12] [fɔr'bløffət] nonplused. [13] Norwegian ministers (of the Lutheran state church) are paid by the government and furnished with government-owned parsonages. [14] **oppmuntre** ['ɔppmuntrə], -t encourage.

[1] en ['ɔppkastəlsə] vomiting. [2] en ['fe:bər] fever. [3] ei **gardintrapp** [gar'-di:ntrapp] stepladder. [4] (et) wrist. [5] et **pulsslag** pulse beat.

gamle sofa uten ben.   De holdt hverandre i de små svette[6] hendene.
De torde ikke hviske engang.

Doktoren var alvorlig.   Han var redd for hjernebetendelse.[7]
Han og onkel Pavel snakket om det i stua uten å legge merke til de
tre i sofaen.

Da gikk onkel Pavel bort til doktoren og la begge hendene på
hans skuldrer.

"Han er den siste av slekten, doktor.   Og—og den eneste jeg
gamle mann har å leve for," sa han.

Og doktoren nikket og sa at vi ikke måtte tro det verste og vi
skulle bare gjøre vårt beste, og tenke det gikk bra.

Men Mariken hvisket til Musene og sa at hjernebetendelse var
svært farlig, for mamma hadde mavebetendelse,[8] og det var for-
ferdelig farlig.

Onkel Pavel fulgte doktoren ut.   Og da han kom inn, pusset han
øynene og nesen og sa:

"Jaja.   Det er ikke så greit."

Fjellmus hadde en uklar følelse av at det ikke var riktig å la
professoren tro han var alene.

Hun reiste seg opp og sa:

"Vi er her.   Og vi kan godt bli her og passe Peik."

Onkel Pavel så ganske rørt på henne.   Først skulle nå Blom
stelle litt med den unge mann, og så skulle han se å få sove.   Det
var visst best at de unge damer gikk hjem.   Og så gikk onkel Pavel
inn til Peik.

Men Fjellmus hvisket med Bymus og Mariken.   Om hun ikke
fikk passe Peik, så kunne hun bli og spille kort eller sånt med onkel
Pavel, for han var svært bedrøvet for Peik, og det var ekkelt å
være alene med slemme Blom.   Hun ville bli om natta også.   Og
så sendte hun de andre hjem—og satte seg stille i sofahjørnet.

Onkel Pavel trippet ut og inn på gamle, knirkende[9] støvler—
han ante ikke at Fjellmus var der, før en arm tok fast tak i hans arm.

"Du skal ta på deg tøflene[10] dine.   Vi må gå med tøfler når

---

[6] **svett** sweaty.   [7] en [jæːrnəbetendəlsə] inflammation of the brain, brain
fever.   [8] (en) inflammation of the abdomen (peritonitis, appendicitis).   [9] **knirke,**
-t creak.   [10] **tøfler** (*sing.* en **tøffel**) slippers.

Bymus's mamma har vondt i hodet. Og du knirker mye verre
enn oss."

Onkel Pavel så på henne.

"Hm. Hm. Du er ikke så dum, unge dame," sa han. Og så
gikk han inn og kom igjen med de fineste rosenbroderte[11] tøfler, som
Blom hadde sydd i sitt ansikts sved.[12]

"Kan du se jeg er nyttig å ha," sa Fjellmus, "men nå skal du
ikke la Blom jage meg. Jeg vil være her i natt."

Onkel Pavel holdt ord. Han gjorde seg modig og sa at Fjellmus
skulle bli der. Blom skulle lage til seng for henne på sofaen.

Blom mumlet noe om at "her snart ikke var værendes[13] for folk
lenger"—men hun måtte gjøre som professoren sa.

Fjellmus trakk skoene av og gikk i strømpene. Hun satte seg
ved Peiks seng. Og Peik lå og holdt henne i hånda. Han lå med
blanke store øyne i et kokende rødt ansikt og svarte ikke når de
snakket til ham. Det skulle byttes kalde omslag[14] på hodet hans.
Og Fjellmus satt med klokka foran seg og byttet akkurat på
minuttet, for det var akkurat som med en farlig medisin.

Så begynte Peik å snakke om Ondursen og Blakka og pappa og
Gamle-Maren og mange andre ting. Onkel Pavel rystet på hodet
og gikk ned etter doktoren igjen, men Fjellmus trakk sin hånd ut
av Peiks og gikk og hentet Vesleblakka som hun la i Peiks arm.
Og Peik kysset Vesleblakka midt på dens fæle svarte nese og sa at
hun spyttet likså langt.

Doktoren kom og ga Peik noe medisin—og en liten stund etter
sov Peik.

"Godnatt kjære min gutt, imorgen må du bli frisk igjen," sa
onkel Pavel og strøk ham over det lille varme hode.

"Gnatt, Ondursen," mumlet Peik.

De hadde spist aftens onkel Pavel og Fjellmus—nå hadde de tent
lampa.

Onkel Pavel satt og røykte, og Fjellmusens lille brune ansikt så
meget tankefullt ut.

---

[11] **rosenbrodert** ['roːsənbrodeːrt] embroidered with roses. [12] **-en** sweat; i
sitt ansikts sved in the sweat of her brow. [13] livable. [14] **et omslag** [ɔmslaːg]
pack, compress.

"Hum," sa onkel Pavel, "hva mener du om—om man skrev til hr. Ondursen og foreslo ham å komme herinn? Jeg betaler naturligvis reisen. Hva mener du—om det vil glede den unge mann?"

Fjellmusen hoppet ned av stolen og slo armene om onkel Pavels hals, så pipa fløy ut av hånda hans. Og så ga hennes lille røde munn ham et kyss på pannen—et kyss omtrent som et trompetskrall.[15]

"Du er enda snillere enn jeg trodde, onkel Pavel," sa hun. "Peik blir forferdelig glad."

"Såså. Såså," sa onkel Pavel sjenert[16] og strøk henne av seg. Det var år og dag siden han hadde fått et kjærtegn,[17] gamle ensomme professor Hennemann.

Og så klappet han henne klosset[18] på ryggen. "Nå får vi sette oss bort til skrivebordet, så får du hjelpe meg."

"Kjære Ondursen, vil du komme og besøke oss," dikterte[19] Fjellmusen villig.

"Humhum," lo onkel Pavel. "Ganske utmerket, min unge dame, men jeg er redd vi må gi det en litt mindre familiær[20] form."

Og nå skrev onkel Pavel med stiv gammel skrift et brev til høytærede herr Ondursen med invitasjon til å besøke "vår felles[21] venn Pavel Benedikt, som ikke befinner[22] seg ganske vel."

Fjellmusen satte seg og skjenket te for onkel Pavel—ganske lysegul te,—"ellers sover du dårlig, for det gjør far." Da ringte det med ett ute på gangen.

"Der er de etter meg. Jeg er sikker på det," sa Fjellmus sint. "Si du _må_ ha meg."

Det var ganske riktig Bymusen og ei pike med et kort brev fra Bymusens pappa. Han skrev at Fjellmusen måtte komme hjem øyeblikkelig.

"Det er lompent[23] av faren din," sa Fjellmus med tårer i øynene. "Onkel Pavel kan ikke klare seg uten meg. Kan du vel?"

Men onkel Pavel sa, at skjønt han svært gjerne ville ha beholdt sin lille flinke medhjelp,[24] så torde han ikke annet enn å sende henne hjem til hennes tante og onkel.

---

[15] [trom'pe:tskrall] trumpet blast.   [16] [ʃene:rt] embarrassed.   [17] caress.
[18] [klɔssət] awkward(ly).   [19] **diktere** [dik'te:rə], **-erte, -ert** dictate.   [20] [famili-æ:r] familiar.   [21] mutual, common.   [22] **befinne** [be'finnə] **seg, befant, befunnet** feel.   [23] **lompen** mean (_adj._).   [24] [me:djelp] assistant.

"Uff, den slekta," sukket Fjellmus. Så så hun på onkel Pavel. "Alle voksne er bestandig enige," sa hun, "jeg trodde ikke du hadde vært slik."

"Dessverre.[25] Dessverre. Jeg tør ikke annet," sa onkel Pavel og så meget skyldbetynget[26] ut.

"Se godt etter at han ikke kaster av seg klærne," var det siste han hørte, før døra lukket seg etter Musene og piken.

Da Fjellmus var borte, følte onkel Pavel seg ganske forlatt og hjelpeløs.

"Det er merkelig hvor slikt et ungt menneske kan bruke sin forstand.[27] Det er virkelig noe beroligende[28] ved den unge dame—hva, Blom?" spurte onkel Pavel troskyldig,[29] da Blom hadde fulgt dem ut og kom inn for å spørre om "det var noe" før hun gikk til sengs.

Men Blom strammet[30] seg i ansiktet og mumlet noe om at gutten skulle sikkert ikke bli bedre av alt det den jentungen fór med.

"Beste Blom," sa professoren og rettet på brillene. Professoren begynte alltid med "Beste Blom" når det var noe han ikke riktig likte.

Men beste Blom hadde alt seilt ut til sitt eget værelse, hvor det hang syvogåtti bilder av Bloms slekt og venner, fjern og nær, i sorte rammer[31] på veggen.

Professoren hadde tenkt på å be Blom passe gutten om natta, men han torde ikke riktig.

Han var hvert øyeblikk oppe og kikket på Peik. Gutten sov urolig. Bare han rørte på seg, ble det tent lys, og onkel Pavel kom vandrende til hans seng på bare ben, og med ei kort skjorte og utapå den en gammel blå jakke som Blom aldri fikk se, og som derfor var full av dun[32] og fjær. Med denne jakken på så onkel Pavel ut som en gammel hane.

Han var svært stolt av denne jakken. Han hadde selv klippet fóret[33] ut, forat den ikke skulle være stiv. Den ble brukt sommer og vinter, for onkel Pavel syntes alltid at det trakk, enda han hadde satt senga midt i værelset.

[25] [des'værrə] unfortunately. [26] guilty. [27] [fɔrstann] intelligence. [28] **beroligende** [be'roːliənə] reassuring. [29] [tro'ʃyldi] innocent, naïve. [30] **stramme seg** stiffen. [31] en **ramme** frame. [32] down. [33] et **fór** lining.

15

Engang våknet Peik og ropte at han var tørst. Opp kom onkel Pavel for å gi ham vann. Men da han kom med det, spurte Peik: "Kan jeg ikke heller få rense-blodsaft?"[1]

Onkel Pavel ble meget forskrekket og trodde gutten snakket rent i ørske.[2] Men da Peik gjentok:

"Kan jeg ikke få av din rense-blodsaft," forstod onkel Pavel at det var tyttebærsaften[3] som han stadig drakk, og som han nettopp hadde fortalt Peik var sund[4] og renset[5] blodet.

"Nå må du prøve å sove igjen da, gutten min," sa onkel og vendte tilbake til sin seng og slokket lyset.

Og Peik prøvde alt hva han kunne.

Men Ole Lukkøye[6] ville ikke komme. Det lille røde ansiktet snudde seg hit og dit, og det var så varmt. Det var ganske mørkt, men Peik kunne høre at ei tjukk, ekkel flue fløy omkring i værelset. Han syntes liksom den ble større og større jo lenger han hørte på den.

Og onkel Pavel snorket. Og han hadde så vondt i hodet. Og så var det så forferdelig mørkt.

Plutselig satte han seg op i senga:

"Onkel Pavel, jeg er redd. Det er så mørkt."

Snorkingen stanset, men det varte en stund før onkel fikk våknet seg.

"Jeg er så redd," sa Peik igjen.

"Såså, nå skal jeg straks."

Lyset ble tent igjen, og ut kom onkel Pavels ben og vandret bort til Peiks seng.

En liten het hånd kom ut og tok onkel Pavels.

"Såså. Ingenting å være redd for," sa onkel Pavel, "vi skal la lyset brenne."

"Vær her da, onkel Pavel."

"Her? Hos deg? Å ja—jeg kan jo nok. Vent bare litt." Onkel Pavel hentet en stol og teppene sine, og satte seg. Og ble igjen grepet av den lille varme hånda.

---

[1] "clean-blood-juice." [2] (en) delirium. [3] **tyttebærsaft** juice from the lingon berry (related to the cranberry, but smaller). [4] healthful. [5] **rense, -t** cleanse. [6] Ole Shut-eye, the Sandman.

"Fortell noe morsomt, onkel Pavel."

Onkel Pavel tok seg opp til brillene. Fortelle, det kunne han nok. Han fortalte godt, især fra gamle dager, når han og overlæreren gikk sammen. Men å skulle være morsom mens man midt på natta satt inntullet[7] i tepper på en stol istedenfor å ligge i sin gode seng, det var verre. Dessuten hadde han ingen anelse om hva Peik mente med "noe morsomt." Onkel Pavel tenkte med misunnelse[8] på den høyt elskede Ondursen. Han ville sikkert ha klart situasjonen[9] øyeblikkelig.

Hva var det som gjorde denne mann så tiltrekkende?[10] Hva ville nå han ha fortalt om? Og plutselig smilte onkel Pavel. Naturligvis. Hva lå nærmere for Ondursen å fortelle om enn hester —hester måtte det være.

Men nå kjente ikke onkel Pavel svært mange hester personlig. Allikevel stod han ikke fast. Han dukket ned i sin hukommelse[11] og hentet opp den store keiser[12] Alexanders "Bukefalos," og Napoleons hvite "Marengo," og hertugen[13] av Wellingtons "Copenhagen." Ja selv Don Quixotes gamle hest "Rosinante" kom travende.

Peiks øyne ble større og større. Dette var morsomt.

Hver gang onkel Pavel gjorde en stans, klemte Peiks fingrer fastere:

"Mere."

Til slutt var onkel Pavels hester brukt opp—han måtte fortelle om andre dyr. Men det interesserte ikke Peik fullt så mye. Han sovnet nettopp som de kapitolinske[14] gjess skrek opp og reddet Roma[15] fra fienden.

Onkel Pavel ble sittende til han var både stiv og frossen. Hver gang han ville reise seg, klemte de små fingrene fastere om hans.

Men endelig kom han løs, og onkel Pavel kunne liste seg[16] i seng. Og nå fikk han være i fred helt til morgenen.

Da onkel Pavel våknet, kikket to blanke øyne ut fra Peiks seng.

---

[7] wrapped up. [8] en [mis'unnəlsə] envy. [9] en **situasjon** [situaʃo:n] situation. [10] attractive. [11] [hu'kɔmməlsə] memory. [12] [keisər] emperor. [13] en **hertug** duke. [14] **kapitolinsk** [kapitoli:nsk] Capitoline. [15] Rome. [16] -t steal, sneak.

"Nå er jeg ikke syk mere, onkel Pavel. Jeg har bare maur i bena."

"Hva er det du sier, gutt? Hva har du i benene?" spurte onkel Pavel forskrekket. Han trodde ikke Peiks hode var ganske klart.

"Maur. Jeg har hatt det før. Har ikke du maur i bena somme tider om morgenen?"

Nei, onkel Pavel hadde ikke maur i bena. Han stod opp for å se om gutten kanskje hadde utslett.[17]

"Nei. Det er inni bena," forklarte Peik.

Onkel Pavel ble mer og mer forskrekket.

"Har du vondt inne i bena?"

"Vondt? Nei. Det er sånn som når det regner på vinduet."

"Å, dine ben sover altså, unge venn," sa onkel Pavel lettet.

"Nei, de er våkne," sa Peik.

Peik ble liggende og se på onkel Pavel kle seg.

"Du glemte ørene, onkel Pavel," kom det strengt fra den lille senga, da onkel Pavel holdt på med hals og ansikt.

"Hvafornoe? Ørene? Det er ikke nødvendig *hver* dag, unge venn," sa onkel Pavel unnskyldende.

"Det synes ikke Gamle-Maren heller. Henner syntes hver annen," fortalte Peik. "Kan jeg si til Blom at du har sagt det ikke trenges å vaske ørene hver dag, onkel Pavel? Blom synes det er det morsomste henner vet å vaske ører."

"Ja, unge mann. Si du bare det. Blom er litt av en plage med sin store renslighet."

"Ja, kvinnfolk er noe tral,"[18] sukket Peik, med den tykkeste l[19] hans lille munn kunde si.

"Humhum," lo onkel Pavel. Han skjønte at det var Ondursens erfaringer[20] med Tabitta som her kom igjen.

"Hører også de unge damene over gata til kategorien[21] kvinnfolk, unge venn?"

---

[17] (et) rash. [18] dialect word meaning a nuisance, a trial. [19] 'thick l' is a sound used in the dialects of eastern Norway that sounds something like American r and is generally considered rather vulgar. [20] en **enfaring** [ær'fa:riŋ] experience (cf. **erfaren**). [21] en **kategori** [katəgori:] category.

"Hvad for en katt?" spurte Peik.

"Au, det var nok et av de ordene," lo onkel Pavel. "En kate-
gori—det er det samme som en klasse, en—"

"Slags?" nikket Peik forstående.

"Javel. Se nå begynner vi å forstå hverandre. Du må bare
spørre, når jeg sier noe du ikke skjønner, min venn."

"Ja, men det blir nokså ofte," sa Peik.

16

Peik gjorde langt ansikt, da onkel Pavel skulle gå inn og spise
frokost alene, og han skulle bli i sin seng.

"Engang bar Ondursen meg i teppet, og jeg spiste uten klær,"
sa han.

Onkel Pavel forstod denne stille henvendelse[1] til hans ridder-
lighet.[2]

"Vent litt," sa han.

Teppet ble tullet[3] om Peiks kropp, og professoren bar ham inn,
mens hans tynne ben flagret i lufta.

Og så ble han satt ned i den store stolen ved spisebordet.

"Kan jeg være så snill å sitte ganske ved siden av deg?" bad
Peik.

"Gjerne, unge venn," sa onkel Pavel og trakk stolen til seg,
"men nå er du da ikke redd for noe."

"Nei, men du er så snill," sa Peik. "Vil du fortelle mere om de
morsomme hestene?"

Onkel Pavel var tilfreds, og meget stolt over at hans under-
holdning[4] hadde lykkes.

"Hm ja. Jeg skal prøve," sa han. Og så fortalte onkel Pavel,
så Blom kom og skjente, fordi professoren lot kaffen bli kald.

Jo mere Peiks øyne lyste, jo ivrigere ble onkel Pavel. Dette
var noe helt nytt. Det begynte å interessere ham. Han lette
etter ting som kunne passe, og ord som var lette å forstå. Og når
han tok fantasien til hjelp, prøvde han å bli det som i Peiks språk
ville hete "likså morsom som Ondursen."

---

[1] en ['henvennəlsə] appeal. [2] -en chivalry. [3] tulle, -t wrap. [4] [unnərholniŋ]
entertainment.

Fra hester kom de over på konger og sterke menn—til de norske vikinger[5] og deres fostbrorskap.[6]

"Sånn bror kunne jeg også få, selv om jeg ikke har noen bror," sa Peik.

"Det kunne du meget vel. Det er vel Ondursen som skal ha den ære å kalles din fostbror,"[7] lo onkel Pavel. Men det var et lite bitte grann misunnelse[8] i den latteren.

"Men Ondursen er ikke her. Og du sa at fostbrødre levde sammen. Du og jeg er fostbrødre, er vi ikke?"

"Ja, vi er sikkert fostbrødre," smilte onkel Pavel og gikk videre i fortellingen.

Men Peik sa:

"Du fortalte at fostbrødrene ga hverandre store gaver. Vil du ha den papegøyen[9] som er litt i stykker i halen? Eller—eller vil du svært gjerne ha Vesle-Blakka?"

"Nei nei, unge venn, *så* stor en gave kan jeg ikke ta imot," smilte onkel Pavel rørt, "men papegøyen ville jeg si var en meget passende gave mellom fostbrødre. Mange takk. Særdeles[10] mange takk."

"Nå må du gi meg en gave," sa fostbroren forventningsfull.[11]

"Naturligvis. Når jeg bare visste *hva*. Kunne du ikke selv nevne meg en ting som du gjerne vil eie," sa onkel Pavel.

Peik tenkte lenge.

"Sånn ei pipe til å høre med som bestemora har," sa han endelig.

"Humhum," onkel Pavel lo så brillene hoppet. "Det skal du få. Det skal du aldeles sikkert få—det vil si, jeg tenker vi forandrer det til en trompet.[12] Overlæreren kjøpte en trompet til sin gudsønn til jul—en trompet til å trekke ut og inn—hva mener du om den ting, unge mann?"

Den unge mann mente bare bra om den ting.

---

[5] en **viking,** viking, one of the traders and pirates who sailed from Scandinavia in the ninth and tenth centuries, occupying many of the lands to the south and west. [6] (et) foster-brotherhood, a ceremony whereby men swore to be as brothers toward one another. [7] foster brother. [8] [mis'unnəlsə] envy. [9] en **papegøye** [papə"gøyə] (toy) parrot. [10] [sær'de:ləs] especial. [11] [fɔr'ventniŋsfull] expectant(ly). [12] [trompe:t] trumpet.

Og onkel fortalte videre.

De var kommet til slaget ved Gravelotte,[13] hvor hestene kom hjem med tomme såler[14] da slaget var forbi. Peik lyttet med hele sin kropp og hele sin sjel.

Da tordnet[15] det i trappa.

"Nå nå," sa onkel Pavel utålmodig—nå hadde de det virkelig så fredelig og morsomt.

"Du skal fortelle for det om de andre kommer," sa Peik.

Inn stormet de alle tre.

"Bymusen og jeg har stått opp tidligere enn pikene for det Peik er syk. Og vi har kledd på Mariken. Men du er riktig uforsiktig med'n. Bær'n inn i senga igjen," sa Fjellmusen.

"Så du mener virkelig dette er uforsiktig?" spurte onkel Pavel urolig. "Han sier han er frisk."

"Hjernebetendelse går ikke over på mange dager, for mave-betendelse går ikke over på to og ei halv uke," sa Mariken. "Du må legge deg, Pennemann."

"Ja, det må du," sa Bymusen strengt.

Og da måtte naturligvis onkel Pavel bøye seg. Han bar Peik inn igjen, skjønt Peik mente at han var frisk i hele seg. Og damene vandret baketter.

Peik ble satt i sin seng, og damene hentet alle de putene de kunne finne i huset, og stablet[16] dem rundt om ham.

Fjellmus tok selvsagt den nærmeste plassen.

"Nei," sa Peik, "gå vekk. Der skal onkel Pavel sitte."

Onkel Pavel ble ganske rød av stolthet.

"Ser man det, unge dame. En gammel onkel er kanskje ikke så dårlig heller."

"Har du sendt Ondursens brev?" spurte Fjellmus. "Tenk, Peik, onkel Pavel har skrevet og bedt Ondursen komme, bare for du synes det er så ekkelt her."

Men istedenfor en eksplosjon[17] av glede som de hadde ventet, sa Peik ganske rolig:

[13] French town, where a battle was fought in the Franco-Prussian war (1870). [14] en **sål** saddle. [15] **tordne, -t** thunder. [16] **stable, -t** stack up. [17] [eksplo'sjo:n].

"Ondursen og Blakka kan ikke komme. Ondursen og Blakka kunne ikke reise i søstra[18] sis bryllup i vår."

"Humhum. Frøken Blakka hadde jeg ikke engang tenkt å be," lo onkel Pavel, "men av hvilken grunn kan den store Ondursen ikke komme?"

"Han kan ikke reise for—for byens trivsel,"[19] sa Peik. "Hvis Ondursen og Blakka reiser, tar skærve-vognmann[20] Krestensen skyssen[21] til Osen. Og det er galt for byen."

"Naturligvis. Vi må gjøre det som er best for byen. Så sender vi ikke brevet," sa onkel Pavel tilfreds.

"Er du svært bedrøvet for han ikke kan komme, Pennemann?" spurte Mariken.

"Ondursen trenger ikke å komme. For onkel Pavel er enda snillere og forteller enda morsommere," sa Peik. "Han forteller om fine hester—og sålessen."

"Se se,[22] se se," sa onkel Pavel. Han tok brillene av og pusset dem.

"Men jeg synes Gamle-Maren kunne komme og være Blom," sa Peik, "så slapp vi å vaske ørene hver dag."

"Da er dere griser," sa frøken Mariken.

"Nei vi er ikke. Onkel Pavel og jeg er modige menner og fostbrødre i liv og blod,"[23] sa Peik. "Og vi har beseglet[24] oss med store gaver. Har vi ikke, onkel Pavel?"

"Jo, min kjære unge mann, jeg tror nok vi nå har blitt riktig gode venner," smilte onkel Pavel og rakte fostbroren sin hånd.

"I liv og blod—og sålessen," svarte Peik og kastet sin lille neve i onkel Pavels store hånd.

Og som den lille kvinne hun var brukte Mariken straks anledningen.[25]

"Men når onkel Pavelen din har blitt snill, kan du vel få begynne på min skole?"

---

[18] popular form of **sin søsters**. [19] en **trivsel** see note 13, page 50 (from **trives**). [20] that good-for-nothing cabman (dialect form). [21] en **skyss** ride, drive. [22] well, well (expression of embarrassment). [23] Peik means **død**, of course. [24] [be'seilə], -t seal. [25] en **anledning** [an'le:dniŋ] opportunity.

"Kan jeg, onkel Pavel?" spurte Peik.

"Så menn, så menn. Overlæreren har godt av å se at man har sin egen mening," sa onkel Pavel. "Jeg skal ordne den ting imorgen."

Og Peik så strålende opp og sa:

"Nå vil jeg heller være hos deg, for du er enda snillere enn Ondursen."

III

III. FOLK FORTELLER

We are all fond of tales about striking and unusual characters, for they amuse us and stir our imagination. One of the most beloved creators of folk types in Norwegian literature was the writer Hans Aanrud, born in Gudbrandsdal in 1863. Though this story was written when the author was only twenty-five years old, it reveals a talent for keen and sympathetic observation. Aanrud's short stories are all of this type, vivid pictures of country life and country characters, drawn with quiet amusement and unfailing sympathy. Sfinx, the pseudonym of a well-known Norwegian journalist, chose for her province the odd characters of city life. She has a fabulous knowledge of the quirks and foibles of humble city folk, their little vanities, amusements, and comical turns of phrase. The remaining stories are drawn from the stock of country tales gathered by Asbjørnsen and Moe. Not all the folk tales are of a supernatural kind: here we get stories about everyday life as seen by the country folk themselves. Anyone who might have been misled into thinking that all Norwegian wives were as agreeable as Gudbrand's will know better when he has read about Kjerringa mot strømmen. Here is a type that embodies the exasperation of all husbands at those strange streaks of perversity that sometimes crop up in their wives. Veslefrikk is the poor man's hero, who comes into his own because he is kind of heart, and who gets even with those who had exploited him. Even the homeless tramp gets his inning in one story; he keeps his wits about him and makes the stingy old woman dance to his tune.

HVORDAN VÅRHERRE FIKK HØYET TIL ASMUND BERGEMELLOM

"Gi oss godt og tjenlig[1] vær," hadde presten sagt i kjerka idag. Å ja, det var nå det trengtes. Asmund lå og strakte seg på senga i skjorteermene.[2] Når han la ned salmeboka, kunne han se ut gjennom stuedøra, som stod åpen så fluene fløy ut og inn og fylte de små vinduene under taket. Han skulle lese, men det var så vanskelig å få tankene med. De hadde tatt veien ut gjennom døra.

Å jo, det ble[3] vel regnvær likevel!

Det var underlig med været og han som stelte med det. Var det sant at han kunne gjøre som han ville, så var det rart at han ikke gjorde det så godt han kunne også. Men det hadde Asmund aldri sett han hadde gjort—et heilt år igjennom da. Ifjor sommer var det bra—lenge. Mye høy var det, riktig mye, og godt høyvær også, og åkeren stod slik som den ikke hadde stått på lenge; men så tok han det igjen på kornet. Da folk hadde skåret kornet, lot han det regne så lenge at kornet grodde der det hang.[4] Og nå i år? Litt bedre kunne det vært. Hadde han latt det regne litt i juni, så hadde det blitt mye mere høy,—kanskje det dobbelte. Så kunne det ha stått en stund. Folk hadde ikke trengt å ta til med slåttånna[5] enda. Som det nå var hadde folk knapt fått tid til å stelle med gjerdene sine, og enda mindre hadde de fått hogd vinterveden.

Men alt dette fikk[6] nå være som det var, bare det ble høyvær nå. Men det var det som ikke var så sikkert. Tok ikke han feil, så begynte det å regne utpå ettermiddagen. Fuglene fløy lavt, og han hadde hørt klokka på Opsal[7] idag, så det måtte være trekk[8] fra sør. Men det som gjorde ham helt sikker var at det gjorde så vondt i ryggen. Han hadde ikke kjent det slik siden styggværet ifjor høst.

---

[1] useful, serviceable. [2] et **skjorteerme** (**skjorte** + **erme**) shirt sleeve. [3] would be; see *BN* Rule 62, examples on p. 168. [4] hung (refers to the harvested grain hanging in bundles on special poles to dry). [5] ei **slåttånn** hay. harvest. [6] **fikk nå være** would have to be. [7] [oppsa:l] name of a farm. [8] (en) current of air, draft, light breeze.

Hadde det enda ventet til over mandag, så folk kunne få inn høyet sitt—!

Det var nå også for galt at alle skulle slå ned det beste høyet de hadde på lørdag. De hadde tenkt å gjøre det riktig svært på mandag, de, men der tok de nok feil. De hadde stolt for sikkert på ham som gjør været. Ja, Asmund hadde ikke vært bedre sjøl forresten. Et eneste gildt stykke hadde han—utafor fjøset—det var ikke så stor flekken heller, men han hadde naturligvis skåret det—tosken![9]

Ja, det var gildt på den vesle flekken, og nå var det tørt nok, det kjente han på lukta—og imorgen regnet[10] det—! Men idag var det søndag—og Asmund løftet salmeboka opp og prøvde å dra tankene inn gjennom døra igjen.

Han mumlet nedover en salme. Men det var vanskelig å få tankene med. Her var nå også disse forba—skede[11] fluene! Ei flue holdt nettopp på å surre omkring øret på ham. Han skulle slå den vekk med salmeboka; men den var løs og så falt innmaten[12] i golvet. Han bøyde seg fram over senga og tok den opp. Uff—! —så vondt det gjorde i ryggen! Jo, det ble sikkert uvær,—og med det samme førte et lite vindpust en strøm av frisk høylukt inn gjennom døra og fylte nesen hans.

Han reiste seg opp på albuen for bedre å se ut.

Javisst var det slemt, når han bare hadde den ene flekken. Vårherre kunne være vrang også. Asmund og mange med ham hadde mumlet med da presten bad om godt og tjenlig vær i kjerka idag. Om Vårherre ikke hørte så mye etter dem, så hadde da presten høy ute også! Det var ikke som under styggværet ifjor, for da hadde presten fått inn kornet sitt.

Nei, Vårherre kunne ikke være så vrang mot presten. Det måtte være så, at været var ferdigt på forhånd,[13] og så var det ikke så greit å få tak i et annet i en fart. Det var kanskje som med Johannes Vaseng og fjøset hans. Da den gamle bjelken[14] falt ned i vår og slo ei av de beste kuene hans ihjel, så sa han at det skulle

---

[9] en **tosk** fool. [10] tomorrow it *would* rain; similar expression to those covered in rule 62, *BN*. [11] [fɔr'baskədə] con — — founded. [12] **innmat, -en** insides. [13] [fɔrhɔnn] (in) advance. [14] en **bjelke** beam.

bli siste vinteren han hadde kuer i det fjøset. Men se om han får noe fjøs ferdig. Han får nok klare seg med det gamle i vinter også. Ja, så måtte det være. Men da stelte vel han som lager været det så at det bare ble ei lita skur[15] til han fikk det nye været ferdig.

Men sørgelig var det å få, selv om det bare ble ei lita skur, på det beste høyet, for det kunne bli utskjemt[16] av *det* også nå, når det alt var så tørt.

Han så ut igjen. Undres om det kunne være noe så galt, om han gikk ut og berget inn den flekken?

Det var jo søndag. Men han hadde nå hørt på presten idag og lest to salmer siden han kom heim, og ble det styggvær, så fikk han vel tid til å lese litt imorgen også. Riktig var det jo ikke. Han fikk iallfall gå ut og se nøye på været først, det var det da ikke noe galt i,—for han fikk nå ikke lest mer allikevel idag, og han lukket boka, la den på bordet, tok skoene på seg og gikk ut.

Han så langsomt ut over dalen og opp på himlen.

Hm! Han rystet på hodet.

Så vendte han seg mot veggen. Der stod ljåen[17] og riva.[18] Ljåen flyttet han på, og lot fingeren stryke langs eggen.[19]

Den var rustet siden idag tidlig! Det passet godt. Det var bare folk som var født igår som kunne tro at dette været holdt natta gjennom.

Hånda grep om riva, og han ble stående og se utover en stund. Litt etter litt tok ansiktet et bestemt uttrykk. Han bet tennene sammen:

Nei, Vårherre kunne ikke ta det så nøye, når han ikke ville gi dem høyvær nå—!

Så spyttet han i nevene, grep riva og skyndte seg med lange skritt bortover mot fjøset.

* * * * *

Det gikk fort med høyinga. Han visste ikke ordet av, før han hadde alt høyet inne og stod og raket[20] det siste inn gjennom døra. Han så nesten forundret opp selv også.

[15] shower. [16] spoiled. [17] en **ljå** scythe. [18] ei **rive** rake. [19] en **egg** edge. [20] **rake, -t** rake.

Det var snart gjort det. Ja ja, nå hadde han da høyet sitt under tak.

Han vendte riva om, satte skaftet[21] mot marka og støttet haken på riva. Slik ble han stående en stund og tenke; men tankene ville ikke riktig ta form. Enden ble bare: gjort er gjort. Han så opp til himlen. Jo, det ble nok regn.

Han stakk riveskaftet så hardt ned i marka at riva stod, og veltet en stor stein mot fjøsdøra.

Så gikk han inn, og det var med mer enn vanlig hast han fikk fatt i salmeboka.

Ja, ikke for det,—det var jo ikke noe så svært galt han hadde gjort; men—heretter ville han se å lese litt mer om søndagene; det kunne være godt for mangt og mye det.

Han leste salme opp og salme ned, til han hadde lest alle på den søndag,[22] og så åpnet han til bønnene, og begynte å lese der hvor han først åpnet. Han var alt midt i bønner for sjøfarende[23] og reisende,[24] *da det tok til å regne.* Dråpene falt store og tunge, så en kunne høre hver en som slo mot vinduet. Han stanset og lyttet: Hm, hm—!

Så prøvde han å lese videre. Nei, det var umulig. Det var da rart også, hvordan han nesten hoppet for hver dråpe som falt. Han hadde virkelig en følelse som om regndråpene rant ned under skjorta langs ryggbenet og gjorde det enda mere vondt i ryggen.

* * * * *

Det ble ikke bare med den vesle skura som Asmund hadde tenkt. For hver regndag som gikk ble han mer og mer alvorlig og leste fler og fler salmer.

Og regnet gjorde det i fjorten dager—, omtrent uten å stanse. Så kunne det hende at det holdt opp en stund for liksom å trekke pusten. Men det var ikke en blå flekk å se på himlen for det. Skodden[25] rullet seg bare tjukk ned i dalen; så kom et vindpust, rev den i stykker som danset borti liene, og så—strømmet det ned igjen.

Verst var det nesten søndagen fjorten dager etter. Asmund, som

---

[21] et **skaft** handle. [22] **alle på den søndag** in the hymn books of Norway the hymns are arranged according to Sundays to suit the text of the day. [23] sailors, travelers at sea. [24] travelers. [25] en **skodde** [skɔddə] fog.

var kommet fra kirken, lå igjen på senga i skjorteermene med salmeboka på maven og lyttet til regnet.

Nei, men dette var da for galt. Skulle det virkelig være hans skyld? Han måtte tenke nøye etter hva presten hadde sagt i kjerka idag:

De skulle ikke sørge, hadde han sagt. Iallfall skulle de passe seg for å legge skylden på vindenes og regnets herre. Han hadde nok sin mening med det. Han ville prøve om de var villige til å gi ham tilbake det som han hadde latt blomstre opp på deres marker. Han stanset[26] nok regnet når hans tid kom.

Her stanset Asmund i tankene sine. Han syntes nok at tia kom ganske sent både for presten og de andre som hadde høy ute.

I det samme slo regnet hardt mot vinduet. Asmund hoppet høyt. Nei, nei, hans tid var nok den rette allikevel.

Men presten hadde sagt mer:

Kanskje det var en straff, hadde han sagt. Han ville be enhver av dem tenke det over med seg selv om *han* kanskje kunne være skyld i at Vårherre straffet dem,—og Asmund hadde virkelig syntes at presten så på ham i det samme.—Han ville minne dem om Jonas,[27] som var skyld i at et helt skip med alle som var ombord nesten gikk under.

Jo, det kunne ikke være noe spørsmål om det. Det var *ham* presten hadde ment når han snakket om Jonas, for ingen annen hadde høyet om søndagen. Presten visste nok om det. For det var naturligvis noen som hadde sett det og fortalt ham.

Ja, Vårherre måtte vel være så nøye da, når presten sa det, for han måtte vel kjenne ham best. Det var forresten rart at Vårherre nettopp måtte ha den vesle flekken! Han fikk jo så mye av den beste marka i bygda. Ja, så godt som Asmunds var det nå ikke, men hans var da bare lite imot alt det andre.

Å jo, det var sikkert ham presten hadde ment med Jonas!

Men, hvis han holdt ut lenge nok, så måtte vel Vårherre gi seg til slutt likevel, for han hadde høyet sitt under tak, så det gjerne kunne regne fjorten dager til for det.

---

[26] (here:) would stop. [27] ['joːnas] Jonah.

I det samme kom regnet og slo mot veggen; det rev i stua så det knaket.[28]

Å nei, nei, det var ikke verdt å stå Vårherre imot. Hvis han endelig ville ha det stakkars høyet, så kunne han vel blåse av fjøstaket for ham. Kanskje han skulle legge på noen steiner? Å nei, det var ikke verdt, for han hadde så mange måter å ta det igjen på, Vårherre. Hvis han tok det igjen på kornet, så ble det siste verre enn det første. Det var alltid bedre å kjøpe litt høy enn å kjøpe korn hele vinteren igjennom. Å nei, det var nok best å gi seg for overmakta.[29] Jo, han ville gi seg.

Han stod opp, gikk ut i regnet og like bort og veltet steinen bort fra fjøsdøra, tok armene fulle av høy og bar det ut i regnet. Han ble stående en liten stund og tenke seg om. Det luktet så friskt og deilig. Det var for galt med det gode høyet, men—det ble vel best å gjøre det slik likevel—, og så bar han det ut i regnet og strødde det jevnt utover, og så hvordan regnet slo det ned i marka.

Så tok han riva og raket vel sammen på fjøsgolvet. Vårherre skulle ikke ha det å si at han stjal noe unna.[30]

Han samlet det siste av høyet sammen og slengte det ut.

Da først så han opp.

Jo, der var det en blå flekk på himlen!

Da kunne han ikke holde seg lenger, men sa halvhøyt opp mot Vårherre akkurat som når en snakker til et barn:

"Nå er du vel fornøyd da!"

Hans Aanrud

Å DE HÅNDVERKERNE![1]

Hos skomakeren.[2]

Fru Thoresen: Ja så lover De meg det sikkert da, Olsen, at Edvard får de støvlene til søndag da, Olsen, han har omtrent ikke støvler på bena, stakkars gutt, og så endelig store og gode da, Olsen, jeg er så redd for trange sko til barna, ser De, og endelig

---

[28] **knake, -t** creak, crack.   [29] ei **overmakt** superior force.   [30] hide, keep something out, steal aside.

[1] en **håndverker** [hɔntværkər] craftsman, workman, mechanic.   [2] en **skomaker** [sko'maːkər] shoemaker.

tykt, godt skinn da, Olsen, og dobbelte såler[3] da, De, og pløsene[4] sydd fast på begge sider, kjære Dem Olsen, husk på det da, og så endelig riktig vide og gode da, snille Dem, gjør dem nå ikke for trange da, og så sikkert lørdag aften da aller senest, kan De ikke si fredag da, Olsen, jaja så lørdag da, men det må være aldeles sikkert, Olsen, ja jeg stoler altså på det jeg da, Olsen, ja kjære Dem nar mig nå ikke da—

Olsen: Ser Dere,[5] jeg kunne nok si fredag, men da ville jeg narre Dere, og det er noe jeg aldri har brukt med kundene[6] mine, ser Dere—

Fru Thoresen: Ja takk, Olsen, så stoler jeg på det jeg da, Olsen, altså lørdag aften senest da, Olsen, adjø da, Olsen—

Olsen: Adjø, adjø, frue—

* * * * *

Mandag morgen ringer det i telefonen hos Olsen.

Olsen til en av svennene:[7] Fly i vei og hør hva det er. Og hvis det er noen av kundene, så si at jeg er borte. . . .

Fru Thoresen i telefonen: Er det Olsen selv? Nå. Kan jeg få tale med hr. Olsen selv da? Er han borte, sier De? Kjære Dem, si ham fra fru Thoresen at de støvlene som han sikkert lovet oss lørdag, dem har vi ikke fått. Er de ikke ferdige? Ikke før onsdag? Nei men kjære Dem da. Er det det tidligste? Men han lovet meg det så sikkert lørdag. Uff, hva skal jeg gjøre! Gutten har nesten ikke støvler. Uff ja, men så aldeles sikkert onsdag da, De, ja nå *må* De ikke narre meg, det sier jeg Dem—

* * * * *

Torsdag morgen i telefonen.

Fru Thoresen: 9625. Er det Olsen selv? Det er fru Thoresen. Men kjære Dem, Olsen, får vi ikke de støvlene til Edvard som vi skulle hatt først lørdag og siden ble lovet meg sikkert igår? Ja men det kan da ikke gå an å narre folk slik da, Olsen. De lovet meg dem jo aldeles sikkert. Husker De ikke det da? Nå. Ja, men når kan vi få dem da? Ikke før mandag? Nei men Olsen, er De

[3] en **såle** sole. [4] en **pløse** tongue (in shoe). [5] **Dere** vulgar form for **De**, the polite pronoun. [6] en **kunde** [kundə] customer. [7] en **svenn** apprentice.

gal? Gutten går jo på bare strømpene. Ja men hvorfor lover De
det da, Olsen? Men kjære Dem, hvorfor er de ikke ferdige da?
Hatt det så travelt, sier De? Ja men så får De ikke *love* så sikkert
da, kjære. Jaja jeg får jo vente da, men altså mandag, ja men det
må være så sikkert, så sikkert, ja nå *må* De ikke narre meg
mere, Olsen, hører De det—

* * * * *

Tirsdag formiddag hos Olsen.

Fru Thoresen: Nei men Olsen, si meg, hva tenker De på?! Vi
fikk jo ikke de støvlene til Edvard igår heller. Men kjære Dem,
dette *går* da ikke an. Det er da virkelig *for* galt. Jeg forsikrer[8]
Dem, gutten går på bare strømpene snart. Dette her *går* da ikke
an, Olsen—

Olsen: Det er nok ingen som er mere lei for dette enn jeg, frue.
Jeg har aldri pleid å narre kundene mine. Men midt om fredags
formidda'n ble den beste svennen min dårlig og ha'ke[9] vært her
siden—

Fru Thoresen: Ja, men De er da vel begynt på dem vel?

Olsen: Nå skal jeg ta på dem sjøl med én gang frue—

Fru Thoresen: Nei men du storeste min,[10] Olsen, har De ikke
begynt på dem engang? Nei men det *er* da *for* galt også—

Olsen: Ja nå skal jeg som sagt ta på dem sjøl med en gang, og så
skal Dere få dem opp imorra[11] kveld. Det var jo fettlærsko[12] det
skulle være jo?

Fru Thoresen: Nei *støvler*, Olsen, ikke sko, kjære husker De ikke
det da?

Olsen: Joda, joda, nå huser[13] jeg det. En har så mange ting i
hodet, ser Dere—

Fru Thoresen: Ja men Olsen, det sier jeg Dem, at får jeg dem
ikke sikkert imorgen aften, så tar jeg aldri et eneste par støvler hos
Dem mere!

Olsen: Nei dere kan være aldeles trygg på det, frue—

---

[8] **forsikre** [fɔr'sikrə], -t assure.   [9] speech form of **har ikke**.   [10] **du storeste min** for goodness' sake.   [11] **imorra** [i''mɔrra] dialect form of **imorgen**.   [12] water-proofed shoes (Oxford style; **støvle** refers to high shoes, **sko** to low).   [13] dialect form of **husker**.

Fru Thoresen: Jaja Olsen, så stoler jeg på det da. Adjø!

Olsen: Adjø, adjø, frue—

* * * * *

Og neste dag, det vil si morgenen etter neste dag, kommer virkelig støvlene.

Fru Thoresen: Nå, gudskjelov, endelig! Se her, Edvarden[14] min, her er støvlene, stakkars gutten min, ja det var sannelig ikke for tidlig. Ja, nå håper jeg de passer!

"Edvarden min" trekker på seg støvlene.

Fru Thoresen: Får du dem ikke på, Edvarden min? Hva er det du sier? Kjære, er de for trange, går de ikke på, gutten min?

Edvarden: De klemmer på stortåa—

Fru Thoresen: Nei, nei, nei, og han som lovte å gjøre dem så gode og store—

Edvard: Ja, og så er de for trange bak i hælen—

Fru Thoresen: Ja, og for korte er de jo også! Trekk dem av, så går vi like derned med dem. Han får værsågod gjøre et par nye. Nei håndverkere. Det er da for galt også, betale høye priser og så enda ikke kunne få det riktig—osv.

* * * * *

Hos Olsen.

Fru Thoresen: Nei men Olsen, de støvlene er jo aldeles umulige. Se her skal De se. Edvard, ta dem på. Ser De, de går ikke helt på engang og så altfor trange og korte!

Olsen (klemmer og føler): Om dem skulle være litt for trange, så er det jo lett å blokke[15] dem litt ut for dere—

Fru Thoresen: Nei takk, det hjelper ikke det minste, dessuten er de altfor korte også, som De ser—

Olsen: Dem er gjort akkurat etter målet—

Fru Thoresen: Nei men De ser da han kan ikke gå med de støvlene da, kjære Dem. Nei, De får gjøre et par nye, og dem må vi ha imorgen aften, for iovermorgen[16] skal vi reise—

Edvarden (overrasket[17]): Skal vi reise, mamma?

Fru Thoresen kniper ham i armen: Ja, vi skal reise bort noen

---

[14] affectionate form of the name. [15] -t stretch (by putting on a block).
[16] [i'ɔːvərmɔːrn] day after tomorrow. [17] surprised.

dager. Altså må vi ha støvlene imorgen aften. De får gjøre det,
Olsen, fordi De har narret oss slik gang på gang som De har—
Olsen (vender skråa[18] i munnen): Ja. Jaha ja. (Tygger) Jaha.
Ja vi får det da. (Tenker sig om) Jaha. Ja. Vi får vel gjøre
det da—
For familien Thoresen er gode og stadige kunder.[19] De har
mange unger som sliter sko.
Olsen: Ja, la meg nå se. Imorra kveld? Det blir vanskelig det,
for nå har den andre svennen min også blitt dårlig. Det har vært
så svært vanskelig for oss. Men om vi nå sa iovermorra middag
da, frue?
Fru Thoresen: Ikke imorgen da?
Olsen: Skal gjøre hva jeg kan, frue, men jeg vil ikke narre noen,
vet dere, og nå om da'n[20] er det så å si nesten umulig, for folk er
som gale etter støvler—
Fru Thoresen: Nå ja, men ikke senere enn iovermorgen middag
da, Olsen, ja altså sikkert da, Olsen, og så endelig rommelige og
gode da, Olsen, og sterkt, godt skinn da, Olsen—(og så videre fra
begynnelsen igjen).

* * * * *

Uff ja, de håndverkerne, de håndverkerne!

Sfinx (Edle Hartman Schjøtt)

KJERRINGA MOT STRØMMEN

Det var en gang en mann som hadde ei kjerring, og hun var så
slem og vrang at det var ikke godt å være sammen med henne;
mannen, han visste nå slett ingen råd med henne; det *han* ville,
ville hun alltid tvert imot.[1] Så var det en søndag utpå sommeren
at mannen og kona gikk ut og skulle se hvordan åkeren stod.

Da de kom til en åker på den andre siden av elva, sa mannen:
"Ja, nå er den ferdig; imorgen får vi til å skjære."

"Ja, imorgen kan vi ta til å klippe 'n," sa kjerringa.

"Hva for noe, skal vi klippe? Skal vi ikke få lov til å skjære
heller nå?" sa mannen.

---

[18] ei **skrå** plug (of chewing tobacco).   [19] en **kunde** customer.   [20] speech form
of **dagen**; **nå om dagen** nowadays.

[1] the exact opposite, contrary.

Nei, klippe den skulle de, sa kjerringa igjen.

"Det er ikke noe verre enn lite å vite," sa mannen; "men du må vel ha gått fra det vesle vettet du har hatt og nå. Har du sett at noen har klippet åkeren, du," sa han.

"Lite vet jeg, og lite vil jeg vite," sa kjerringa, "men det vet jeg visst, at åkeren skal en klippe, og ikke skjære," sa hun. Det var ikke å snakke om det, klippe den skulle de.

Så gikk de bortover og trettet,[2] til de kom på ei bru hvor det rant ei stri elv nedunder.

"De sier for et gammelt ord," sa mannen, "at god redskap[3] gjør godt arbeid; men *det* tror jeg nok skal bli rart korn som de klipper med sauesaks," sa han. "Skal vi slett ikke få lov å skjære åkeren nå da?"

"Nei, nei—klippe, klippe, klippe!" ropte kjerringa, hoppet opp og klipte med fingrene etter nesen på mannen. Men hun var så sint at hun passet seg ikke, og så snublet hun og falt i elva.

"Gammel vane[4] er vond å vende,"[5] tenkte mannen, "men det skulle være rart om jeg ikke fikk rett engang, jeg og."

Han gikk ut i elva, og fikk tak i håret på henne, så vidt hun fikk hodet over vannet. "Skal vi så skjære åkeren?" sa han.

"Klippe, klippe, klippe!" skrek kjerringa.

"Ja, jeg skal lære deg å klippe jeg," tenkte mannen og dukket henne under. Men det hjalp ikke, de *skulle* klippe, sa hun da han tok henne opp igjen. "Jeg kan ikke annet tro enn at kjerringa er gal," sa mannen ved seg selv. "Mangen er gal, og vet det ikke, mangen har vett, og bruker det ikke; men jeg får nå prøve en gang til likevel," sa han. Men han hadde ikke før fått henne under, før hun satte handa opp over vannet og til å klippe med fingrene som med ei saks. Da ble mannen sint, og dukket henne både vel og lenge. Men rett som det var, falt handa ned, og kjerringa ble så tung med ett at han måtte slippe taket.

"Vil du dra meg ned i elva til deg også nå, så kan du ligge der, ditt troll," sa mannen. Og så gikk han sin vei.

Men etter ei tid syntes han det var for galt at hun skulle ligge der, og så gikk han ned og lette etter henne. Men alt det han lette, så fant han henne ikke. Han fikk med seg gårdsfolket[6] og andre folk fra nabolaget,[7] og de tok til å grave og lete nedetter heile elva alle sammen; men alt det de lette, så fant de inga kjerring.

"Nei," sa mannen, "det kan nok ikke nytte dette. Denne

---

[2] **trette, -t** quarrel.   [3] et, en **redskap** tool.   [4] en **vane** habit (cf. **vanlig**).
[5] **vond å vende** difficult to change (proverb: you can't teach an old dog new tricks).   [6] the people living on the farm.   [7] et **nabolag** neighborhood.

kjerringa var nå forskjellig fra alle andre kjerringer, hun," sa han. "Mens hun levde, var hun alltid vrang og hun kan vel ikke være annerledes nå heller; vi får til å lete oppetter og prøve ovenfor fossen; kanskje hun har reist oppetter."

Å ja, de gikk oppover og lette ovenfor fossen. Der lå kjerringa, det var riktig nok. Det var *kjerringa mot strømmen* det.

Folke-eventyr ved P. Chr. Asbjørnsen

VESLEFRIKK MED FELA[1]

Det var en gang en husmann[2] som hadde en eneste sønn, og denne gutten var ikke så sterk som andre gutter, og derfor orket han ikke å gå på arbeid. Han hette Frikk, og liten var han også, så de kalte ham Veslefrikk.

[1] ei **fele**, *def.* **fela** fiddle. [2] tenant farmer, cotter (paid rent by working for owner; institution now abolished).

Heime var det lite å bite i, og så gikk far hans til naboene og ville se om det var noe gutten kunne gjøre. Men det var ingen som ville ha gutten hans før han kom til lensmannen;[3] han skulle ta ham, for han hadde nylig jaget visergutten[4] sin. Det var ingen som ville være hos lensmannen, for folk mente han var slem å arbeide for. Men det var bedre noe enn ikke noe, tenkte husmannen, maten fikk han da, for hos lensmannen skulle han tjene for kosten;[5] lønn og klær ble det ikke talt om. Men da gutten hadde vært der i tre år, ville han reise, og da ga lensmannen ham heile lønna med en gang. Han skulle ha en skilling for året; mindre kunne det ikke være, sa lensmannen; så fikk han tre skilling i alt.

Veslefrikk syntes nok det var store penger, for han hadde aldri eid så mye; men han spurte om han ikke skulle ha noe mer.

"Du har fått mer enn du skal ha," sa lensmannen.

"Skal jeg ikke ha noe til klær da?" sa Veslefrikk. "Det som jeg hadde da jeg kom hit, har jeg slitt av meg, og jeg har ikke fått noe igjen," og nå var han så fillete at fillene hang og slang om ham, sa han.

"Når du har fått det vi er enige om, og tre skilling til, så har jeg ikke mere å gjøre med deg," sa lensmannen. Men han skulle da få lov til å gå ut i kjøkkenet og få litt mat i matsekken sin, og så gikk han avsted og skulle kjøpe klær. Han var både lystig og glad, for han hadde aldri sett en skilling før, og rett som det var, så kjente han etter om han hadde dem alle tre.

Da han hadde gått langt og lenger enn langt, var han kommet inn i en trang dal med høye fjell på alle kanter, så han ikke syntes det var noen vei til å komme fram; han tok til å undres på hva som kunne være på den andre sia av disse fjellene, og hvordan han skulle komme over.

Men han måtte opp, og så la han i vei: han orket lite og måtte hvile av og til, og da regnet han etter hvor mange penger han hadde. Da han kom opp på det høyeste, var det ikke annet enn en stor mosefly;[6] der satte han seg og skulle se om han hadde skillingene sine igjen, og før han visste av det, kom det til ham en fattig mann,

---

[3] en **lensmann** ['lensmann] sheriff.   [4] en **visergutt** errand boy.   [5] **kost** [kɔst], **-en** board.   [6] mossy plateau.

og han var så stor og lang at gutten skrek da han riktig fikk se hvor stor og lang han var.

"Vær ikke redd du," sa fattigmannen, "jeg gjør deg ikke noe, jeg ber bare om en skilling i Guds navn!"

"Kjære deg," sa gutten, "jeg har bare tre skilling, og dem skulle jeg til byen og kjøpe klær for," sa han.

"Det er verre for meg enn for deg," sa fattigmannen; "jeg har ingen skilling, og jeg er enda mer fillete enn du."

"Ja, så får du få den da," sa gutten.

Da han hadde gått en stund, ble han trett og satte seg til å hvile igjen. Da han så opp, så var det en fattig mann der igjen, men han var enda større og styggere enn den første, og da gutten riktig fikk se hvor stor og stygg og lang han var, så måtte han skrike igjen.

"Vær ikke redd for meg, jeg gjør deg ikke noe, jeg ber bare om en skilling i Guds navn," sa fattigmannen.

"Kjære deg," sa gutten; "jeg har bare to skilling, og dem skal jeg til byen og kjøpe klær for, hadde jeg møtt deg før, så—"

"Det er verre for meg enn for deg," sa fattigmannen; "jeg har ingen skilling og større kropp og mindre klær."

"Ja, så får du få den da," sa gutten.

Så gikk han en stund igjen til han ble trett, og så satte han seg og hvilte, og da han vel hadde satt seg, kom det til ham en fattig mann igjen; men han var så stor og stygg og lang, at gutten så oppover og oppover inntil han så like til himmels, og da han riktig fikk se hvor stor og stygg og fillete han var, tok han til å skrike.

"Vær ikke redd for meg du, gutten min," sa mannen; "jeg gjør deg ikke noe, for jeg er bare en fattig mann som ber om en skilling i Guds navn."

"Kjære deg," sa Veslefrikk, "jeg har bare én skilling igjen, og den skal jeg til byen og kjøpe klær for; hadde jeg møtt deg før, så—"

"Ja, jeg har ingen skilling jeg, og større kropp og mindre klær, så det er verre for meg enn for deg," sa fattigmannen.

Så fikk[7] han få skillingen da, sa Veslefrikk, det var ingen råd for det; for så hadde hver sin og han hadde ingen.

[7] would have to.

"Ja, siden du har slikt et godt hjertelag[8] at du har gitt bort alt det du hadde," sa fattigmannen, "så skal jeg gi deg et ønske for hver skilling";—det var den samme fattigmannen som hadde fått dem alle tre; han hadde bare skapt seg om for hver gang, så gutten ikke kunne kjenne ham igjen.

"Jeg har alltid hatt slik lyst til å spille på fele og se at folk var så lystige og glade at de danset," sa gutten, "så—får jeg ønske det jeg vil, så vil jeg ønske meg ei fele som er slik at alt som har liv må danse etter den," sa han.

Det skulle han få, men det var et dårlig ønske, sa fattigmannen; "du får ønske bedre for de andre skillingene."

"Jeg har alltid hatt slik lyst til å gå på jakt og skyte," sa Veslefrikk, "så får jeg ønske det jeg vil, så vil jeg ønske meg ei børse[9] som er slik at jeg treffer alt det jeg sikter etter, om det er aldri så langt borte."

Det skulle han få, men det var et dårlig ønske, sa fattigmannen; "du får ønske bedre for den siste skillingen."

"Jeg har alltid hatt lyst til å være sammen med folk som var snille og godhjertet," sa Veslefrikk, "så fikk jeg det som jeg ønsker, ville jeg ha det så, at ingen kan nekte meg det første jeg ber om."

"Det ønsket var ikke så dårlig," sa fattigmannen, og så fór han inn mellom haugene og ble borte, og gutten la seg til å sove, og neste dagen kom han ned av fjellet med fela og børsa si.

Først gikk han til landhandleren[10] og bad om klær, og på en bondegård bad han om en hest, og på en annen bad han om slede, og ett sted bad han om pels,[11] og ingen kunne si nei til ham; alle måtte de gi ham det han bad om. Til sist reiste han gjennom bygda som en riktig storkar[12] og hadde både hest og slede.

Da han hadde reist et stykke, møtte han lensmannen som han hadde tjent hos.

"God dag, husbond,"[13] sa Veslefrikk med fela, han stanset og hilste.

"God dag," sa lensmannen; "har *jeg* vært din husbond?" spurte han.

---

[8] kind heart.   [9] gun.   [10] en **landhandler** country storekeeper.   [11] en **pels** fur coat.   [12] en **storkar** rich fellow, 'big shot.'   [13] en **husbond** master.

"Ja, husker du ikke det at jeg tjente hos deg i tre år for tre skilling?" sa Veslefrikk.

"Du verden,[14] så stor du har blitt i en hast da," sa lensmannen. "Hvordan kunne det hende at du ble slik en storkar?"

"Å, det var ikke så vanskelig det," sa Veslefrikk.

"Er du så lystig at du farer med fele også?" sa lensmannen.

"Ja, jeg har alltid hatt lyst til å få folk til å danse," sa gutten; "men det gildeste jeg har, er denne børsa her," sa han; "for det faller nesten alt det jeg peker på med den, om det er aldri så langt borte. Ser du den fuglen som sitter i treet der borte?" sa Veslefrikk. "Hva vedder du at jeg tar den her vi står?" sa han.

Det ville lensmannen gjerne ha veddet hest og gård og hundre daler på at han ikke kunne; men han skulle da vedde alle de pengene han hadde på seg, og hente den skulle han, når den falt; for han trodde aldri det var råd å rekke så langt med noen børse. Men med det samme han skjøt, falt fuglen ned i et stort klungerkjerr,[15] og lensmannen fór bort oppi kjerret etter den, og tok den opp og viste gutten den. I det samme la Veslefrikk til å stryke på fela, og lensmannen til å danse så tornene slet i ham; og gutten spilte og lensmannen danset og gråt og bad for seg, til fillene føk av ham og han nesten ikke hadde en tråd på seg.

"Ja, nå tenker jeg *du* er så fillete som *jeg* var da jeg reiste av tjenesten hos deg," sa gutten, "så nå får du slippe med det; "men først måtte lensmannen gi ham det han hadde veddet på at han ikke skulle treffe skjæra.

Da gutten kom til byen, tok han inn på et vertshus.[16] Han spilte, og de som kom dit danset, og han levde både lystig og vel; det var ingen synd på ham, for ingen kunne si nei til det han bad om.

Men som de moret seg på det beste, kom konstablene og skulle dra gutten på rådstua,[17] for lensmannen hadde klagd over ham, og sagt at han hadde overfalt[18] ham og plyndret ham og nesten tatt livet av ham, og nå skulle han henges; det var ikke å be for. Men Veslefrikk hadde råd for all uråd[19] han, og det var fela. Han tok

---

[14] good heavens. [15] [ˈkloŋŋərçærr] clump of bramble bushes. [16] [ˈværʃuːs] inn, tavern. [17] ei rådstue, -a police station. [18] **overfalle** attack. [19] **råd for uråd** a way out of everything.

til å spille på den, så måtte konstablene danse til de lå der. Så sendte de soldater i vei. Men det gikk ikke bedre enn med konstablene; da Veslefrikk fikk fram fela, måtte de til å danse, så lenge han orket å spille på den; men de måtte gi seg lenge før.

Til sist så lurte de seg på ham og tok ham mens han sov om natta, og da de hadde fått ham, ble han dømt til å henges straks, og det bar avsted til galgen[20] med det samme. Det kom sammen

²⁰ en **galge** gallows.

mange folk som ville se dette, og lensmannen var også med, og han var så vel fornøyd for han skulle få rett for pengene og skinnet sitt og få se at de hengte ham.

Men det gikk ikke fort; for Veslefrikk var dårlig til å gå, og dårligere gjorde han seg; fela og børsa drog han med seg også, det var ingen som kunne få fra ham dem; og da han kom til galgen og skulle klyve opp på stigen, hvilte han for hvert trinn.[21] På det øverste satte han seg, og spurte om de kunne nekte ham et ønske, om han ikke kunne få lov til en ting; han hadde slik lyst til å spille litt på fela si før de hengte ham.—Nei, det var både synd og skam å nekte ham det, sa de; det var ikke nei til det han bad om. Men lensmannen bad for Guds skyld, at de ikke skulle la ham få lov til det, ellers gikk det galt med dem alle sammen; skulle gutten ha lov til å spille, måtte de binde *ham* til den bjørka[22] som stod der. Veslefrikk var ikke sen om å få fela til å spille, og alle som var der til å danse, både de som gikk på to og de som gikk på fire, både prost[23] og prest, skriver[24] og fut,[25] hunder og katter. De danset og lo og skrek; mange danset til de lå som døde. Galt gikk det med dem alle; men verst gikk det med lensmannen, for han stod bundet til bjørka og danset og skurte store stykker av ryggen sin på den. Det var ikke noen som tenkte på å gjøre noe med Veslefrikk, og han fikk gå med børsa og fela si som han ville, og han levde vel alle sine dager, for det var ingen som kunne si nei til det første han bad om.

Folke-eventyr ved P. Chr. Asbjørnsen

FANTEN OG KJERRINGA

Der var engang en fant som kom nord i skogen, hvor det var så langt mellom stuene at det ikke var stort håp om hus til natta. Men rett som det var, fikk han se at det lyste mellom trærne; for det var en plass der, og de hadde varme inne på peisen.[1] Det skulle være gildt å få sitte ved den varmen og få litt mellom ten-

---

[21] et **trinn** step. [22] ei **bjørk, -a** birch. [23] dean, a minister who superintends a district, has several ministers under him. [24] judge. [25] bailiff.

[1] en **peis** hearth, fireplace (usually in the corner of the room).

nene, tenkte han, og så gikk han fram til plassen. Der kom ei kjerring imot ham.

"God aften og vel møtt," sa fanten.

"God aften igjen," sa kjerringa; "hvor har den karen heime?"

"Sønnafor[2] sol og østafor[3] måne," sa fanten, "og nå skal jeg heim igjen, for nå har jeg gått over hele verden unntagen denne bygda," sa han.

"Det var vidfarende[4] kar, det," sa kjerringa; hva kunne det være for ærend han hadde? Jo, han ville få hus for natta, sa han.

"Ja, jeg tenkte det!" sa kjerringa; men da var det likså godt han gikk med det samme, sa hun; for mannen var ikke heime, og dette var ingen gjestgivergård,[5] sa hun.

"Å, kjære snille mor," sa fanten, "du skal ikke være så vanskelig heller; for vi er da mennesker begge to, og sin neste[6] skal en hjelpe, tror jeg det står," sa han.

"Hjelpe!" sa kjerringa; "hjelpe!" sa hun. "Skulle en ha hørt slikt! Hvem hjelper *meg*, tror du, enda jeg ikke har en bit mat i huset?" Nei, nei, han fikk nok bare gå igjen, sa hun.

Men fanten var som fanter flest: han falt ikke for første hogget,[7] og alt det kjerringa prøvde å bli kvitt ham, så holdt han på å tigge inntil hun måtte gi seg til slutt likevel, og så skulle han da få ligge på golvet natta over. Det var snillt gjort av henne, og det skulle hun ha takk for, mente han.

"Bedre på golvet uten blund[8] enn i skogen og fryse som en hund," sa han,—for det var en lystig kar, den fanten, og et rim kunne han finne på til alle ting.

Da han nå kom inn i stua, fikk han se at det ikke var så dårlig for kjerringa som hun snakket til; men hun var gjerrig,[9] det var hun, og slem til å klage fra morgen til kveld. Nå gjorde han seg fin, og bad riktig vakkert om han skulle få seg noe til mat.

"Hvor skulle jeg ta det fra?" sa kjerringa: "I hele dag har jeg ikke sjøl smakt det minste grann," sa hun.

Men fanten var klok, han. "Å stakkars deg da, bestemor," sa

---

[2] south of the. [3] east of the. [4] far-traveled. [5] inn. [6] neighbor (in Biblical phrase; otherwise **nabo**). [7] et **hogg** [hɔgg] blow. [8] (en) nap, sleep. [9] stingy.

han; "da må du være sulten da. Ja, så får jeg vel sjøl være den som byr til gilde,"[10] sa han.

"Byr til gilde," sa kjerringa. Hun lo godt. Han så ut å kunne by til gilde, han! "Den som reiser langt får se litt av hvert, og den som mye har sett, mister ikke straks sitt vett," sa fanten. "Bedre å være livløs enn rådløs," sa han. "Lån meg ei gryte, mor!"

Nå begynte kjerringa å bli nyfiken,[11] og så fikk han gryta. Han slo vann i den og satte den over varmen, og så blåste han så varmen stod om gryta. Så tok han fram en femtoms[12] spiker av lomma, vendte den i hånda tre ganger og la den i gryta. Kjerringa ble storøyd.

"Hva skal dette bli?" sa hun.

"Spikersuppe," sa fanten, og begynte å røre i vannet.

"Spikersuppe?" sa kjerringa. "Ja-ha, spikersuppe," sa fanten. Mye hadde kjerringa sett og mye hadde hun hørt i sine dager, men at en kunne koke suppe på en spiker, det hadde hun aldri hørt tale om. Det var en kunst for fattigfolk det, og den kunsten kunne hun ha lyst å lære, sa hun.

"Det ingen vil ha, vil ingen ta," sa fanten. Men ville hun lære den kunsten, skulle hun bare se på, sa han, og så rørte han i gryta.

Kjerringa satte seg på stolen, med hendene på knærne, og øynene gikk rundt, ettersom fanten rørte i gryta.

"Dette her pleier å bli ei god suppe," sa han. "Men litt tynn blir den nå denne gangen, for jeg har hele uka bare kokt på denne samme spikeren. Men hadde en bare en neve havremjøl[13] å legge i, så slapp vi den sorga," sa han. "Men det en ikke kan få, nytter det ikke å tenke på!" Og så rørte han i gryta.

Jo visst, litt mjøl hadde hun da likevel, sa kjerringa, og så gikk hun etter mjølet, og det var både fint og vakkert.

Fanten rørte og kjerringa stirret, snart på ham og snart i gryta, så øynene var nær ved å springe av hodet på henne.

"Dette her blir suppe å by fremmede på," sa han, og tok neve på neve og la i. "Men hadde en hatt bare en bit salt kjøtt og noen

---

[10] by til gilde invite to a feast. [11] curious. [12] five-inch. [13] -et oatmeal.

poteter å legge i, da skulle det bli mat for storfolk,"[14] sa han. "Men det en ikke kan få, nytter det ikke å tenke på!"

Og så rørte han i gryta.

Å jo, når kjerringa riktig kom til å tenke seg om, så hadde hun nok noen poteter; ja hun hadde nok en kjøttbit også; og alt dette ga hun fanten. Han rørte igjen, og hun stirret.

"Dette blir mat som en kan by de fineste storfolk," sa han.

"Skulle en ha sett slikt!" sa kjerringa; "og det bare på en spiker!"

Det var riktig en tusenkunstner,[15] den fanten. Han kunne mer enn de fleste, han.

"Hadde en nå hatt litt gryn[16] og noe mjølk, så kunne en be kongen smake; for slikt får han hver eneste aften," sa fanten—det visste han, for han hadde vært i tjeneste hos kongens kokk, sa han.

"Å ne-i! be sjølve kongen smake!" Og kjerringa slo seg på knærne; hun var rent forferdet[17] over fanten, så fin han var!

"Men det en ikke kan få, nytter det ikke å tenke på," sa fanten. Jo visst hadde hun litt gryn jo, og helt uten mjølk var hun ikke heller, sa hun, for den beste kua hennes hadde nylig båret; og så gikk hun etter både det ene og det andre. Fanten rørte, og kjerringa stirret, snart på ham og snart i gryta.

Rett som det var, tok fanten op spikeren.

"Nå er den ferdig, og nå skal vi holde et riktig måltid," sa han. "Men til slik mat bruker kongen og dronninga å ta seg en dram[18] eller to og et stykke smørbrød—i det minste. Og så har de duk[19] på bordet når de får seg mat," sa han. "Men det en ikke kan få, nytter det ikke å tenke på," sa han og rettet på kroppen.

Men nå hadde kjerringa blitt stor og fin, hun også, og var det ikke noe annet de trengte for å få det akkurat som kongen hadde det, så syntes hun det kunne være moro å ha det slik en gang, hun med, og leke konge og dronning med fanten. Hun bort i skapet i samme stund, og fram med brennevins-flaske[20] og glass og smør og ost og spekekjøtt,[21] så det ble som det gildeste gjestebud. Aldri i sitt liv hadde kjerringa hatt det så fint, og aldri hadde hun smakt

---

[14] rich people, "high-ups." [15] magician. [16] (polished) grain. [17] [for'færdət] aghast, awestruck. [18] drink. [19] (en) table cloth. [20] (en) brandy bottle. [21] dried mutton leg.

slik suppe heller—og det bare på en spiker! Men de åt og de drakk, og de drakk og de åt, til Ole Lukkøye kom og tok dem begge.

Nå skulle fanten til å legge seg på golvet. Men det kunne nå slett ikke gå an, det var nå rent umulig, sa kjerringa. Ne-i da! En slik storkar måtte da ligge i senga, sa hun; så fikk hun sjøl ligge i koven,[22] hun da.

"Dette er som midt i jula," sa fanten, "og bedre kvinnfolk har jeg ikke truffet," sa han.

"Hå hå, ja!—Lykkelig den som kommer til godt folk!" sa han og la seg i senga, og så sovnet han.

Men kaffekoppen var det første han fikk i handa da han våknet om morgenen. Og da han skulle til å gå, ga kjerringa ham en blank daler.

"Og takk og takk og mange takk for den nyttige lærdommen,"[23] sa hun. "Nå kan jeg få meg gode dager, siden jeg har lært å koke suppe på spiker," sa hun.

"Å, den kunsten er ikke så stor, bare en har noe godt å jevne[24] på med," sa fanten, og så gikk han.

Kjerringa stod og stirret etter ham.

"Slike folk vokser ikke på hver busk," sa hun.

Folke-eventyr ved Nordahl Rolfsen

[22] en **kove** outer room.   [23] en **lærdom** instruction.   [24] fill in, use for thickening.

IV

IV. FRA LAND OG STRAND

Americans like to imagine that Norway is a small, compact country with a simple, homogeneous population and no really serious problems to solve. This is the popular method of explaining away the remarkably good job of government that Norway and the other Scandinavian countries have done in recent years. In the following selections there is just a glimpse of the difficulties that Norwegians have had to meet. In a rocky, northern clime, with a population scattered and sparse, of many different types and attitudes, the solutions have not come with any magic wands. People are rich and poor, high and humble, stubborn and agreeable, gentle and violent, here as everywhere else. They have had to work hard to subdue the forces of nature, both on land and at sea; their fishermen plumb the depths, their sailors are on every sea, their men and even their boys are forever battling with nature. But they have also learned to relax; every Sunday the roads leading into the country are black with people enjoying nature, hiking in summer, skiing in winter. Christmas is a holiday such as we have no conception of in this country; it is sacred and restful, a time truly to be enjoyed in the spirit of ancient tradition, a festive recreation for friends and family. In this section are gathered some testimonials to the variety of Norwegian life: a geographical-economic discussion by a professor, a story of east Norwegian farm life by Aanrud, a tale of skiing in Telemark by the great explorer and statesman Fridtjof Nansen, a description of fishing life in the North by a popular author of that region, and three tales of Christmas, experienced under widely varying circumstances.

NORGE

Norge er ett av de merkeligste land i verden. Langt mot nord ligger det, lenger enn noe annet sivilisert[1] land. Det er bare såvidt det henger sammen med den del av jorda som andre mennesker bor på. Her er det mere stein og berg og fjell enn i de fleste andre land. Ikke noe land i Europa har så lite jord som kan dyrkes. Det vokser ikke nok korn til de menneskene som bor der, så at de må hente en stor del av maten fra andre land. Heller ikke fins det store rikdommer i bergene, som i så mange land. Det er nok noe svovel[2] og jern, men ingen kull eller olje.[3] Derfor er det umulig for landet å bli et stort industriland.[4]

Når det allikevel bor siviliserte folk i Norge, så er det fordi landet kan dra nytte av naturen på andre måter.

Klimaet[5] er bedre enn i noe annet land så langt nord. Havet og fjordene er åpne året rundt langs hele kysten så langt landet rekker mot nord. Det er nettopp havet som gjør det mulig for folk å bo på Norges kyst.

Havet gir av sin store rikdom.

Året rundt driver fiskerne langs kysten, men mest når fisken kommer inn til bankene[6] i store stimer:[7] sild, torsk, og annen fisk.

Lenger sør i landet lever mange folk av skogen; snø og is skaper veier over myr og sjø. Nordmennene tar vinteren i bruk—den gjør det mulig å få kjørt fram tømmeret.

Norges første eksport[8] var tømmer og det som kunne lages av tømmer: planker, cellulose,[9] papir.

Kraften kommer fra fossene; landet har mer enn nok av vannkraft fra sine mange høye fall.[10]

Alt dette er skapt av de store breene[11] som engang i tiden dekket landet. Det er disse vi kan takke for sjøer og fosser, sand og jord— alt som dekker det nakne berget og gjør det mulig for skog og blomster og korn å vokse.

---

[1] [sivilise:rt] civilized. [2] -en ['svɔvəl] sulphur. [3] [ɔljə], -n oil. [4] [indus-'tri:lann] industrial country. [5] ['kli:ma] climate. [6] en **banke** (fishing) bank. [7] en **stim** crowd, school (of fish). [8] en [eksport) export. [9] -n [selu"lo:sə]. [10] et **fall** waterfall. [11] en **bre** glacier.

Selv om landet har lite jord, er det for det meste god jord.   Det er ikke mange land hvor de får mer ut av den jord de har enn i Norge.

Men mellom dalene hvor folket bor ligger store fjellvidder.[12] Her oppe vokser det fint gress, hvor kuene kan gå hele sommeren og bli blanke og feite.   Her er det også mye fugl og fisk, som kommer til god nytte hjemme på gården.   Slik klarer folk seg, selv om de bor langt oppe i dalene under høye fjell.

I gamle dager var veiene dårlige, og nesten alt som skulle flyttes måtte bæres på hesteryggen.   Da var det mye lettere å ta det med seg i båt, og sjøen ble nordmennenes beste vei.   Så langt tilbake vi kan vite noe om det har nordmennene vært sjøfolk.   I det niende og tiende århundre[13] fór vikingene i sine små, sterke skip over alle Europas[14] hav, og fant fram helt til Amerikas kyst.   I våre dager har Norge den fjerde største handelsflåte[15] i verden og den største hvis man regner med at Norge er et lite land.   Båtene er også nye og store.

Slik må nordmennene streve skal de kunne leve i sitt land.   Alt må de gjøre nytte av, både smått og stort.   Fiskeren må også dyrke jorda, og bonden må drive med jakt og fiske ved siden av det andre. Slik er det i Norge: folk må være flinke her i landet.   Vi har fått en stor og vanskelig oppgave,[16] større enn mange andre folk: vi skal holde en kultur[17] oppe under de vanskeligste forhold,[18] i et veldig, men fattig land ute mot ishavet[19] ikke langt fra verdens ende.

Etter W. Werenskiold

DEN FØRSTE ARBEIDSDAG

Kristian reiste seg opp på albuene og kikket ut av vinduet like ved.

Det var ennå nesten mørkt i den store husmannsstua.[1]   Utafor

---

[12] ei **fjellvidde** mountain plateau.   [13] et **århundre** [ɔr'hundrə] century. [14] [æu'ro:pa] Europe.   [15] merchant fleet.   [16] [ɔppga:və] task.   [17] [kultu:r] culture.   [18] et **forhold** [fɔrhɔll] *pl.* — circumstance.   [19] the Arctic Ocean.

[1] ei **husmannsstue** home of a tenant farmer, cotter (cf. **husmann,** note, p. 109].

tok det til å bli grått, like før dag; bare noen av de største stjernene kunne han se i den blå, klare høstmorgen.

Undres hvor mange klokka var? Ja, for sent måtte han ikke komme; den skammen skulle de ikke få på ham,—og så kunne det bli mindre lønn av det. Full kar² måtte ha full lønn! Det var forresten rart—han hadde glemt å spørre, og Ola Nordlia hadde heller ikke nevnt noe om lønna.

Han snudde seg så han ble sittende i senga og så bort til den andre senga like ved det andre vinduet, hvor mora lå.

"Mor! mo-or!"

Mora snudde seg et par ganger før hun våknet, og så slo hun øynene opp.

"Ja. Hva er det du vil, Kristian?"

"Du hørte ikke om han sa noe om hvor stor lønn han ville gi, han Ola Nordlia vel?"

"Og det vekker du meg for, stygge gutten?"

"Jeg tenkte nå også det kanskje var på tide du satte på kaffen. For den som skal ut på arbeid, trenger å få seg litt mat."

"Så legg deg nå til å sove igjen. Jeg skal nok passe tia."

Men Kristian sovnet ikke igjen, og han hadde ikke sovet stort hele natta heller. For igår kveld, nettopp som han skulle til å legge seg, riktig stod med buksene i neven, hadde det hendt noe.

Ola Nordlia hadde selv kommet inn, hadde hilst god kveld og sagt:

"Nå har jeg faret over hele Øverbygda³ og leid folk til å ta opp poteter imorgen, og så ville jeg høre, om det kanskje kunne være en kar å få her også."

"Nei, jeg har ikke noen kar, jeg, nå," hadde mora sagt; "han Per holder på med fjøset på Oppsal, og jeg venter ham ikke heim før søndag."

"Har du ikke? Jeg synes det står en voksen kar der borte ved senga, jeg. Det var nå ham jeg ville spørre om."

Da kan det nok være at Kristian rettet seg opp.

"Du skal pløye opp potetene, da?" fortsatte mora.

² regular man. ³ the upper (part of the) valley.

"Ja, og derfor har jeg leid mange slike karer til å plukke, både Kulsve-guttene og Sagbakk-guttene og han Jens Perhus."

Mora smilte og så bort på Kristian:

"Ja, jeg vet ikke hva han Kristian mener, jeg; du får snakke med ham sjøl."

Da skjønte Kristian at han fikk lov.

Ola Nordlia vendte seg til ham og sa så alvorlig som han snakket til en voksen kar:

"Ja, ville du gjøre vel og komme og hjelpe oss med potetene imorgen da, Kristian?"

Kristian fikk buksene opp, så godt det gikk an i en fart. Så satte han seg, kastet det ene kneet over det andre, spyttet langt ut og sa:

"Ja, egentlig så har jeg lita tid; men siden du nå trenger karer, så vet du jeg får komme."

Derfor var det Kristian ikke sov igjen,—for komme for sent, det ville han nå ikke, og så var det mye annet å tenke på også.

Tia gikk så langsomt; han syntes aldri at klokka ble noe, kunne jo hende den hadde stanset også; et par ganger måtte han prøve å kremte riktig høyt for å se om mora ikke skulle våkne. Og da mora endelig stod opp, så fikk hun såvidt fylt vann på kaffekjelen, før Kristian også stod på golvet.

Det var mye han måtte passe på. Først kjente han etter om alle knappene i buksa satt riktig fast. Nei, det var en som nesten hang og slang; den måtte settes fast; arbeidskar måtte ha bukser som tålte litt. Så var det beltet! Ja nå måtte han stikke et hull lenger innpå; det var for romt[4] før, og det var nok best at det var riktig trangt. Og nyskjerfet[5] måtte han ha hengende løst utapå; det ville se stort ut når han kom, og senere når han trakk trøya av og la det pent sammen ovenpå den.

Lenge før kaffen var ferdig, var Kristian klædd, med høy i beksømskoene[6] og topplua[7] på hodet, og han gikk ut og inn og så ut som han hadde svært mye å gjøre; og da kaffen endelig var ferdig, så tok det ikke så lang tid å få den ned, enda han måtte

---

[4] **rom** [romm] roomy.   [5] et **nyskjerf** new scarf.   [6] en **beksømsko** hand-sewn shoes.   [7] ei **topplue** stocking cap.

spise godt, hvis han skulle arbeide som en kar. Og snart stod mora og så etter ham og bad ham gjøre sitt beste, mens han med topplua helt ned over ørene gikk med lange skritt nedover bakken til Nordlia.

Da han kom ned til Nordlia, var det ganske stilt ute på gården; han så ingenting som rørte seg annet enn den jevne tygginga av hestene i stallen—om morgenen fikk de høyet sitt inne, før en streng dag.

Men det varte ikke lenge før han hørte at Ola Nordlia sjøl var på beina og fór rundt huset og vekket, og da han kom ut og fikk se Kristian, sa han:

"Det var noe til kar det, som er først ute,"—og da satte Kristian den ene foten fram og sa:

"Ja, jeg synes vi kunne trengt å ha begynt alt, hvis vi skal få gjort noe til kvelds."

Litt etter litt ble det fullt av folk ute på gården. Gårdens egne folk hadde stått opp; de kom ut, gjespet[8] og strakte seg; og fra Øvrebygda kom den ene etter den andre, både voksne og barn, og Ola Nordlia gikk rundt og fant grep[9] og bøtter til dem, og han Kråkå-Per, tjenestegutten,[10] slapp ut hestene, så de fikk drikke. Kristian var den minste av dem alle sammen. Kråkå-Per, som var fæl til å ha moro med folk, sa også straks:

"Nei, hva er dette for en potet,—han var ganske diger også."

Kristian ble sint; men det hjalp da Ola Nordlia straks sa:

"Det er husbondskaren[11] min, det. Du får være så snill å passe litt på han Kråkå-Per og de andre, du Kristian!"

Kristian så litt uviss på ham; for vel visste han at han var noe til kar; men slikt hadde han ikke ventet likevel.

"Er det ditt alvor, Ola Nordlia?"

"Ja visst er det mitt alvor."

Nå var de samlet alle sammen, unntagen han Jens Perhus, som gikk så sent oppover bakken at Kristian ropte på ham at nå fikk han skynde seg, og så sa han:

"Nå får du sele[12] på hestene dine, da, Kråkå-Per. Nå må vi

---

[8] **gjespe, -t** yawn. [9] et **grep** fork. [10] en **tjenestegutt** hired man. [11] en **husbondskar** overseer. [12] harness.

avsted." Og han tok bøtta si på armen, slengte grepet på nakken og gikk med lange skritt foran alle de andre bortover til potetes-åkeren.

Der delte de seg langs hele potetesfuren,[13] en voksen til å grave og en gutt til å plukke foran hver voksen, og Kristian stelte det slik at han kom til å plukke foran Ola Nordlia sjøl og foran Kråkå-Per avvekslende;[14] for de grov ikke hele tia,—Ola måtte pløye opp en ny når den ene furen[15] var tatt opp, og Kråkå-Per skulle kjøre potetessekkene fram i gården.

Ola satte plogen i; furen vendte seg, så de vakre, hvite potetene trillet ut over den sorte jorda; alle rygger bøyde seg for å grave, og alle små hender gikk som trommestikker[16] for å plukke; det vokste fort i de hvite sekkene som stod i rekke bak dem, mens Kristian og noen av de andre prøvde hvem som kunne tømme bøtta si oftest,—det gikk fort med å ta opp potetene i Nordlia den dagen.

Kristian visste ikke ordet av før de skulle i vei og spise. Da de hadde spist og satt ute på gården og hvilte, gode og mette, sa Ola Nordlia:

"Ja, slik er det å ha en god husbondskar; jeg må nok betale Kristian dobbelt lønn,—især hvis du nå kunne vise at du var sterkere enn han Jens Perhus også; men det tviler jeg på; for han Jens er sterk."

Kristian ventet litt; men så reiste han seg, stakk beltet inn i det nye hullet, spyttet i nevene og sa:

"Ja, så får du komme, da, Jens."

De røk sammen,[17] og ingen vant straks, men til sist måtte Kristian på kne, og i det samme gikk beltet i stykker. Han reiste seg rød i ansiktet og holdt beltet fram.

"Ja, jeg tapte; men her ser du, Ola Nordlia, hadde beltet vært så sterkt som jeg, så hadde jeg tatt'n."

Så begynte de å snakke om styrke, og Kråkå-Per, som mente at han var svært sterk, talte om at han kunne løfte ei tønne[18] poteter opp i vogna.

---

[13] en **potetesfure** potato furrow. [14] [ˈaːvvekslənə] alternately. [15] en **fure** furrow. [16] drum sticks. [17] **ryke sammen** turn against each other. [18] barrel.

"Ja, det kan jeg også—med kjeften,"[19] sa Kristian ganske tørt og alvorlig, så Ola Nordlia og alle de andre lo; men siden var ikke Kråkå-Per og Kristian riktig gode venner.

Etter frokosten gikk det ikke fullt så fort; det hadde blitt riktig varmt, og sola stod rett inn i ryggen på dem. Det kan nok være at Kristian en gang imellom kikket opp på sola for å se om det ikke ble middag snart. Men han sa ingen ting; han plukket like fort, og han snakket også om at Jens Perhus stod på kne i stedet for å bøye rygg. Det var ingen mening i slikt, hvis de skulle få gjort noe; Jens skulle værsgod bøye ryggen sin. Men sist på dagen fikk nok Kristian sjøl litt jord på knærne når ingen så det. Men da var også Ola Nordlia straks ferdig og bad ham gå et ærend bort til stua, han skjønte nok at Kristian trengte til å få hvile litt.

Endelig var det blitt kveld, sola var nede, alle hadde spist og stod ute på gården, ferdige til å gå hver til sitt, karene med pipa tendt og konene alt langt på veien heim—de måtte heim og melke kua til kvelds.

Det siste poteteslasset[20] stod ved kjellervinduet, og Kråkå-Per stod støttet til det.

Han så seg hemmelig[21] omkring, men lot som det var rent i tanker at han tok den ene potetessekken med den ene hånd og løftet den ned på marka. Litt etter løftet han den på samme måte opp igjen, og så seg hemmelig omkring. Jo, de hadde lagt merke til det, og Ola Nordlia sa da også straks:

"Jo, du er nok sterk likevel, du, Per. Eller hva synes du, Kristian?"

"Å, det der var vel ikke så svært."

Da ble Kråkå-Per sint.

"Nei, hør på den guttehvalpen!"[22] Han tok igjen sekken og løftet den ned. "Du skal ete mye graut, du, før du blir så stor en kar at du kan få den opp igjen."

"Kanskje jeg kunne gjøre det med det samme, jeg," mente Kristian.

"Ja, kan du det, så skal jeg hete dårligste karen i hele bygda!"

[19] en kjeft jaw; med kjeften by talking, only in talk. [20] et poteteslass load of potatoes. [21] secret(ly). [22] en guttehvalp puppy, kid.

"Det tar jeg deg til vitne[23] på, Ola Nordlia,—lån meg en sekk!" Og før Kråkå-Per fikk sagt et ord, hadde Kristian satt den tomme sekken opp i kjerra[24] og begynte å plukke potetene opp i den. På ei kort tid var han ferdig og slengte den tomme sekken etter opp i kjerra.

"Nå er både sekken og potetene der, og nå er du den dårligste karen i hele bygda, du Kråkå-Per."

Kråkå-Per spyttet langt og fór inn gjennom husdøra.

Ola Nordlia lo så tårene trillet:

"Ja, har noen fortjent[25] dobbelt lønn idag, så er det deg, Kristian. Vil du ha den straks, eller kan jeg få deg igjen imorgen også?"

"Du vet jeg får hjelpe deg til du er ferdig med potetene!"

Da Kristian alene ruslet oppover bakkene heim, kjente han at han begynte å bli så underlig svak i knærne.

Det var best han satte seg litt.   Han hadde bare et par minutter heim; men han kunne alltid hvile litt likevel, og så satte han seg ved siden av veien.

Rett som det var, begynte hodet å duppe,[26] først til den ene, så til den andre siden; før han visste ordet av hadde han lagt seg bakover og sovnet inn.

Mora hadde stått i vinduet og sett på.   Litt etter var hun hos ham:

"Du får se å våkne og komme heim, Kristian.   Du har nok strevd hardt idag."

"Er det deg, mor?   Hvor er jeg?" han gned øynene.

"Du har sovet her ute, Kristian."

"Har jeg sovnet—du mor—det er kanskje ikke verdt du forteller dette, så han—han Kråkå-Per får høre det—men jeg har nå tjent dobbelt lønn også."

Hans Aanrud

---

[23] et **vitne** witness.   [24] ei **kjerre** [çærrə] cart.   [25] **fortjene** [fɔr'tjeːnə], -**tjente**, -**tjent** earn, deserve.   [26] -**t** nod, dip.

SKILØP[1] I TELEMARK[2]

Telemark er skiløpets rette heim. Telemarkingene er vårt lands
beste skiløpere;[3] og er de vårt lands, så kan jeg vel også trygt si
hele verdens. De har lært byguttene en hel ny måte å løpe på, og
har brakt skiløpet opp til hva det har blitt i de siste år. Tele-
markingen har ført oss dit vi er, og for det bør han få vår takk.
Har en sett ham i hans egen heim, da vil en også forstå hvorfor
han er så gild en skiløper som han er. Naturen selv tvinger Tele-
marks-guttene, ja jentene og, til å bruke skiene nesten likså tidlig
som de kan gå. Dyp ligger snøen like utafor døra heile vinteren
igjennom; tidlig på høsten kommer den, og seint på våren går den.
Veier er det lite av, og alle som vil fram fra gård til gård må på
ski, enten det er mann eller kvinne. Er det underlig da, at de
tidlig lærer å bruke skiene sine?

De vokser så å si opp med dem. Bakker har de like utafor huset,
bakker er det nok av på begge sider av de trange dalene; på ski
må barna til og fra skole, og på ski står de i friminuttene[4] mellom
timene; læreren er selv med. De steller til hopp, og så prøver de
hvem som kan stå best utover hoppet. Alle vil gjerne være best og
hoppe lengst; og hoppe gjør de, men falle gjør de også, så snøen
fyker omkring dem, og da ler jentene. De våger seg nå aldri så
langt som guttene; men moro har de alle, til det igjen bærer inn i
skolestua, hvor arbeidet fortsettes med liv og lyst etter det friske
snøbad.

Ja, slik er ungdommens liv der oppe i Telemark. Gutten er ikke
stor før han vet hvordan ei god ski skal være, hvordan den beste
veden ser ut, og hvordan han skal lage de beste bindingene.[5] Alle
lærer å klare seg selv uten andres hjelp, som det passer seg en
"kar."

Og så hver søndags ettermiddag heile vinteren igjennom,—for en
glede det er når ungdommen fra heile bygda, både yngre og eldre,
samles fra nær og fjern i en bestemt bakke for å prøve seg med

---

[1] (et) skiing. [2] mountainous, wooded farming region in south-central Norway.
[3] en skiløper ['ʃiːløːpər] skier. [4] ['friːminuttənə] the recess. [5] en binding straps
(on ski).

hverandre og ha moro, så lenge det er dagslys; og jentene er også med på moroa.

La oss være med og se på dem.

Det er altså søndags ettermiddag, litt etter kirketid. Vi ser skiløpere sette ut fra gård etter gård bort gjennom dalen, stå utover bakkene og ta veien til den største bakken, en som ser ut til å begynne like opp under fjellet. Vi tar også veien dit. Her er alt en hel del av ungdommen samlet, og skiløpet er i full gang. Noen hopper ti meter, andre femten, noen tjue, ja det går like til tre og tjue meter. Lengst hopper to brødre, som vi skal kalle Sveinung og Trond; med navnene er det jo ikke så nøye. Mellom disse to har det alltid vært en liten kappestrid;[6] aldri kunne den ene gjøre noe som det ble snakket om, uten at den andre skulle gjøre noe som var enda bedre.

Slik er det også idag. Da den ene hadde hoppet tjue meter, hoppet den andre en og tjue, og slik holdt de på til de hadde nådd tre og tjue begge to. Da tar Sveinung til å se oppover fjellet, og drar så i vei. Hva vil han nå? Han går forbi den høyeste del av hoppet; han vil da vel ikke ennå høyere opp! Jo, det vil han! Der stanser han, nesten helt oppe under toppen, og vender seg utover. Han banker snøen av skiene, og så glir det utover. Hvordan vil dette gå? Vi venter alle i stor spenning,[7] farten blir større og større, han hopper til, flyr avsted gjennom lufta, kommer ned igjen sikker som alltid, og det bærer nedover mot oss med susende fart, verre enn noen gang før. Han nærmer seg hoppet, han bøyer seg framover, beina og armene bøyes også, mens nevene knytter seg hardt; munnen lukkes tett, og øynene stirrer framover. Nå er han på kanten, og tschu—der seiler han avsted,—slikt et sprang[8] har ingen sett, og ned kommer han, sikker som ellers; under bakken "kaster han rundt" på flekken, og står stille og ser oppover.

Tronds øyne lyser av beundring for broren; for de holder meget av hverandre. En av de andre vender seg til ham og sier: "Nå, Trond, har han Sveinung tatt deg; slikt et sprang har aldri vært sett her i dalen." "Ja," sier Trond, "han Sveinung, det er gildeste gutten, og ikke rekker jeg ham; men jeg får vel prøve likevel."

---

[6] rivalry.   [7] (en) excitement, tension.   [8] jump.

Og så drar han i vei oppover; han går litt forbi det stedet hvor
Sveinung begynte, og så bærer det utover; han hopper enda en
meter lenger enn Sveinung; men da bryter det ut fra alle kanter:
"Nei skulle du sett slikt!" Og alle mener at de er like gode, og
at en skulle lete lenge land og strand rundt før en fant to så gilde
brødre. Nå mener folk det er slutt, og de synes også det kan være
nok; men nei, der drar Sveinung oppover igjen, like til toppen!
Han ser nesten ut som ei flue, så høyt oppe er han.

Han vender seg om, han steller litt på bindingen for å få skiene
til å sitte riktig godt; denne gang skal han nok gjøre hva han kan;
og så kommer han utover. Men hva er dette, kan han ikke styre
skiene lenger? Han glir jo like mot berget med det høye stupet[9]
under; ja, det går like på, han blir sikkert drept,—og det blir stille
som i graven rundt omkring oss, mens han der oppe skjærer like
mot stupet; nå samler han seg, og bøyer seg ned så han ligner en
katt som samler seg til sprang. Skiene bringes tett sammen, han
tar lua i handa,—se der er han ytterst på kanten—han hopper til
og farer utover, og det ser ut som han seilte inn i himlen med én
gang; men et øyeblikk etter er han på jorda, sikker og trygg. Nei
dette er for mye for Trond, det er som det kommer noe vått i
øynene på ham, og han kan nesten ikke snakke av bare stolthet
over broren.

At noen skulle ha våget seg på det hoppet, det hadde han aldri
kunnet tenke seg; men skulle det være noen, så måtte det være han
Sveinung. Det blir målt; han hadde hoppet to og tredve meter, og
det er det lengste hopp som noen har hørt tale om i Telemark.

Fridtjof Nansen

SKÅRUNGEN[1]

Den nordlige delen av Norge heter Nordland, og der er de fleste
mennesker fiskere, som lever på sjøen en stor del av tia. Hver
vinter drar mange av dem avsted til Lofoten,[2] hvor de driver fiske
til utpå våren.

[9] et **stup** precipice.

[1] en **skårung** [skɔːroŋ] young sea gull, used in this story in the sense 'tender-
foot.' [2] [ˈloːfoːtn̩] group of islands off the coast of northern Norway; famous
for its rich fishing banks.

Første gang en gutt får lov å følge med far og de voksne til Lofoten, kalles han en "skårung." Det navnet får han fra måsungen,[3] som heter så mens den enda er ung, langbeint og redd, og bare sitter inne i fjæra og piper og ikke tør fly med de voksne fuglene ut over hav og fjerneste fjell. Gutten blir regnet for å være bare en unge enda. Det er så at alle slike ord blir hentet fra det som ligger folk nærmest for øye. På bondelandet ville vel en slik gutt bli kalt for en kalv. Men fiskeren der nord, han har omtrent ikke annet husdyr[4] enn måsen,[5] han,—fuglen som skriker om ørene på ham hele hans lange liv igjennom.

År etter år har smågutten gått og sett på at far og de eldre brødrene stelte med båten før jul, så den kunne bli ferdig til lofotfisket etter nyttår. Ønsket om å få være med er vokset år etter år.

Men hver gang han nevner noe slikt, får han bare til svar at han er for ung enda, at sjøen ikke er for småbarn, og at noen får være heime hos mor og barn i de lange månedene hun sitter heime uten karfolk i huset!

Men så endelig en dag kommer hans time, og far sier at i år skal han få være med og ro lofotfiske!

Da kan det hende det blir smil på ansiktet! Og mor får det travelt med å lage klær til den nye skårungen; mest er det vel fars og brødrenes klær som blir vendt og stelt til; men fin blir han allikevel med voksenmanns klær, lange bukser, og skaftestøvlene[6] til langt over knærne.

Ellers er det rart med det: Nå, da det skal begynne for alvor, føler han stundom midt i gleda en liten angst ved tanken på seilingen, båten og sjøen i all slags vær derute, med dype havet like under det tynne golvet. Og slik sitter kanskje også den fuglen som kalles "skårung" nede i fjæresteinene før den flyr avsted, mens hjertet banker, enda den kan være trygg nok på at vingen bærer, selv over hav og fjerneste fjell.

Etter de har ventet ei ukes tid på god vind, bærer det endelig ut av fjorden heime. Mor står i fjæra med barna omkring seg, den minste på armen, og med tårer på kinn. Det er den fjerde gutten

---

[3] en **måsunge** young sea gull. [4] pet. [5] en **måse** sea gull. [6] **skaftestøvler** hip boots.

hun sender fra seg slik. Gud alene kan si om hun får ham igjen—
ham og alle de andre! Den eldste gutten hennes ble borte det
andre året han var med. Men så glir båten med det store seilet
ut av fjorden. Ombord sitter skårungen og spiser på mors lefse[7] med sirup[8] på.
Mor og heimehusene er borte, og han spiser nok både lefse og gråt
der han sitter,—vender seg halvt ennå mot berget hvor mors
skikkelse forsvant.

Men nå er de ute i fjorden, og snart blir det annet å tenke på.
Båt på båt stikker ut fra gårdene langs stranda. De har jo ventet
over heile fjorden på denne gode vinden; ferdige har de vært i åtte
dager, alle fiskerne. Vinden vokser, seil strekkes, og nabobåtene
prøver å seile forbi hverandre.

Utafor fjorden kommer bølgene rullende inn fra havet,—digre
karer som banker tungt mot båten. Det fryser litt gjennom
skårungens unge blod. Han blir nok litt blek også, men han får
ikke vise det—han vil jo ikke de skal tro han er redd, selv om han
tar tak i båtkanten for å holde seg fast.

For hver fjord som åpner seg kommer det ut en strøm av båter
som skal til Lofoten. De holder seg sammen i flokker fra hver
fjord og heimestrand, og skårungen sitter hos far og undrer seg
over hvor stor verden er likevel, og hvor gild en far han har; faren
kan sitte og kjenne nesten hver båt, og nevne navn pa den som
eier den.

Dagen er kort på denne vinterens tid, og snart er både fjell og
fjord og hav gjemt i mørke. Men de seiler videre, far sitter og ser
framover med øyne som synes å skjære igjennom mørket.

"Å jo, jeg har visst litt igjen å lære enda," tenker skårungen,
mens han sovner inne i båthuset[9] med øret nesten like mot båt-
bunnen og bølgene under seg.

Været var fint og tia ombord gikk rolig. Rommet på en slik
fiskerbåt er ikke stort, men allikevel vet fiskeren å gjøre seg det
ganske lunt i denne sin flytende heim for så mange uker. Inne i

---

[7] Resembles a pancake in shape, made from flour and frequently potatoes,
baked on a hot griddle, eaten as bread. [8] -en sirup. [9] båt + hus cabin on the
boat.

huset er soveplass for fire, fem mann, og de skifter av om å sove og arbeide. Skårungen må stelle mat ombord, og ellers være med der hvor han trengs.

For den som har ørene med seg er det mangt et nyttig ord å høre, men det er også moro ombord. Og når det går riktig bra, kan en eller annen ta til å synge en sang, og hvis tonen er kjent, synger de alle med. Så er det alltid en som kan eventyr og historier om trollene som bor oppe i fjellene, eller sanne fortellinger om livet i gamle dager.

Dette er skårungens beste timer, mens han deler maten mellom fiskerne, den maten som ligger i kista og venter på dem. Så gir han dem hver sin kopp kokende het kaffe. Den gjør så godt i kroppen en kald vinterdag. Men for hver godværsdag som kommer og går, vokser det op i skårungen et ønske om å få vise dem hva han kan gjøre. Slik er det også når de kommer fram til Lofoten. Da de første dagene hadde gått, og han hadde sett seg mett på hele det store liv med tusener av fiskere samlet der, båtene side om side så langt øyet rakk, og de små husene fulle av folk, begynte det å bli kjedelig. Han måtte sitte heime med koking og vasking for det meste, mens de voksne var ute på fiskeplassene. Hver morgen stod han og så med tårer i øynene at båtene ble borte bak skjæret.

Det verste var at det var så dårlig fiske i år. Far og brødrene var vonde når de kom heim om kveldene med båten nesten tom. Den fisken som var, var liten og tynn og på skutene som kjøpte opp fisk ville de nesten ikke gi penger for den!

Så hendte det en dag at far ville prøve å sende noe fisk opp til handelsmannen[10] i Storpollen for kanskje å få litt mer for fisken. Nå var det ikke mer enn at far og naboen la fisken sin sammen og naboen, Hans Gamvik, reiste avsted med den. Så skulle Hilmar—skårungen—følge med Hans om morgenen, for å hjelpe til med fars fisk, så den andre slapp å bry seg altfor mye med den.

Tidlig på morgenen seilte de avsted i mørket. Det var bare Hans og skårungen som seilte; de hadde lånt seg en liten seilbåt

10 en **handelsmann** merchant, storekeeper.

som var stor nok til fisken. Vinden stod inn fra sør med litt snø som danset rundt i den grå, kalde lufta.

"Det kommer nok til å storme idag," mente Hans Gamvik. Og det var omtrent det eneste som ble sagt i de tre timene før de kom til Storpollen. Vinden ble sterkere og skårungen slet tungt med seilet. Hans Gamvik var en sint gammel kar, som ble vond når skårungen av og til ikke orket å holde.

"Far din skulle nok helst ha latt deg bli heime et år til," mente han en gang da skårungen hadde latt skjøtet[11] fly ut av neven; "annen nytte har han vel ikke av deg heller enn at du eter opp de få pengene en kan tjene seg i dette året!" Skårungen var både redd og sint, og holdt så fast at han ikke slapp oftere.

Endelig kom de fram til Storpollen, hvor det var tomt i husene og ingen båter på fjorden. For det var ingen fisk i Storpollen iår. Det var lyse dagen med sol gjennom skyene, som jagde med svær fart over himlen—stadig nordover foran vinden som blåste fra sør. Oppe hos handelsmannen ble Hans og skårungen bedt om å sitte og handelsmannen kjøpte fisken. Så ga han dem pengene for den.

"Du tar kanskje helst pengene til far din sjøl, du, gutt?" spurte handelsmannen; "eller skal Hans Gamvik ta altsammen?"

"Nei takk, jeg tar helst pengene til far sjøl," mente skårungen.

Utafor stormet det verre og verre. Da det ble over middag, begynte skårungen å snakke om heimtur. Men Hans Gamvik syntes tydelig at han satt godt der han satt, og så ikke ut til å tenke på slikt. Skårungen var rett som det var ute for å kikke på været og se til båten, og for hver gang steg lysten til heimturen. Han gjentok bønna si til Hans, men Hans ble sittende, og en times tid etter middag sov han.

Mens han satt slik, kom det plutselig farende en mann inn som var aldeles våt av sjø og regn.

"Nå står torsken i fjorden så tett som veggen!" ropte han. Handelsmannen kom ut, og selv Hans Gamvik våknet.

"Hva sier du, mann?" spurte handelsmannen.

"Jo, nå er fisken der," sa mannen, "og mange slags har jeg sett i mine dager; men dette må være blant de største."

---

[11] et **skjøt** sheet (a rope that regulates the sail).

"Nå må vi sende bud til folk," sa handelsmannen, "så vi får stengt.[12] Her er jo hverken folk eller båter!"

"Ja, vi får vente til det blir lyst imorgen; været er altfor stygt nå!"

"Det er for galt," sa handelsmannen, "slik som folk har ventet iår! Hvis det bare var et par båter til sammen med våre egne, så kunne vi ta det heile! Da ble vi nok rike allesammen!"

Skårungen hørte ikke mer. Han hadde lyttet til det som ble sagt, sett bort på Hans Gamvik, som hadde sovnet inn igjen, og skjønt at her var det ingen annen hjelp å fa enn den han ga seg sjøl. Han gjentok det for seg sjøl: "Da ble vi nok rike allesammen!" Så gikk han utafor. Vinden drev sjøen opp i ansiktet hans nede i fjæra. Han stod en stund og hørte på stormen. Vinden var enda fra sør, nå ville han ha den bak seg, så han kunne seile beint til fjorden hvor far lå og fisket.

Det var vanskelig for ham å få båten løs. Han var ikke redd, bare full av det store at han skulle la faren vite før natta om fisken i Storpollen og gjøre far rik med ett!

Straks han var løs, fyltes seilet, og som en dans stod båten utover. Inne i fjorden gikk det bra, og skårungen satt med roret[13] i neven og følte seg både sterk og gild, mens båten jagde fram under ham som en fugl han hadde makt over! Hei, her var gutt som skulle vise at han var kar for mer enn å ete opp maten for far sin!

Utafor fjorden fikk han annet å tenke på. Heile havet stod her på etter ham, så seilet hang stille mellom bølgebergene, og den vesle båten ble kastet hit og dit på bølgetoppene. Skjøtet kom løs og slo vilt ut i stormen; så måtte han slippe roret. Da fikk båten sjøen rett på siden og blev halvfylt. Så fikk han sette fast skjøtet og måtte øse[14] med den ene hånd, mens bølgene rev og slet på roret i den andre.

Fuglen han hadde følt seg mester over ble nå til angst for ham, som den fór fram så han hverken kunne stanse eller se foran seg.

Men fram gikk det mil etter mil gjennom storm og bølger. Månen skinte blek gjennom skyene, stundom med fullt lys imellom.

[12] **stenge, stengte, stengt** close, shut; (here:) set up nets to close in the fish.
[13] et **ror** helm. [14] **øse, øste, øst** bail.

Og skårungen stirret stadig mot land for å prøve å kjenne seg igjen. Det var nå ikke så greit etter bare en gang å ha seilt veien i formiddag, og angsten steg: Om han nu seilte seg rett i skjærene— eller ut i ville havet! Rett som det var så han et lite vinduslys fra et hus inne mellom berg og skjær, og forbi jagde han, våt og trett i armene—og redd, reddere og reddere,—mens sjøen gikk om ham og etter ham som et vilt dyr.

Nå slapp tankene løs i ham. Bare han hadde ventet til Hans Gamvik hadde sovet ut! Eller han hadde fått en med seg fra handelsmannen! Han kom nok aldri fram til far igjen! Skulle nok ikke se ham mer, heller ikke komme heim igjen, til heimefjorden og mor—mor!

Båten fór avsted i susende fart, og da gutten trodde han hadde sett en hel del lys et øyeblikk bak de sorte holmene,[15] drev han roret over og seilte innover mot steinene, hvor sjøen stod høyt til værs. Månen kom fram med hele sitt lys, og foran seg så han en åpning mellom to holmer. Det var nok ikke det rette stedet, men det fikk ikke hjelpe—derinne måtte det iallfall være rolig, og dette orket han ikke lenger.

Han fikk såvidt drevet båten inn mellom holmene. Det var trangt mellom dem, bølgene slo imot de to berg og vannet stod som en forferdelig røyk mellom dem. Angsten tok ham, han skrek vilt, slapp roret, og kastet seg rett ned i båten. Båten ble båret innover på bølgeryggen, ble løftet høit, fór nesten gjennom lufta, og der lå den langt oppe på berget, høyt oppe i fjæra mellom to steiner, hvor den brøt tvers av og ble liggende.

Skårungen visste ikke av noen ting. Han følte seg løftet opp, hørte stemmer, og følte lys over sine lukkede øyne. Så ble han båret et stykke fram, kjente varmen fra en ovn, og endelig ble han lagt til sengs bløtt og forsiktig.

Da lukket han øynene halvt opp og så faren bøyd over seg.

"Gud hjelpe oss for gutten! Han lever ikke dette over!"

En av brødrene kom fra den andre siden av senga, løftet ham halvt opp og begynte a trekke de våte klærne av ham. Skårungen tok med hånda til lommen og hvisket:

[15] en **holme** [hɔlmə] treeless island.

"Her er pengene—for fisken."

"Han snakker, far; han snakket rett nå!" sa broren.

"Hilmar, kan du snakke til oss?" spurte far.

"Far, det er fisk—mye fisk i Storpollen."

"Å, var det derfor du satte ut i slikt vær!"

"Det er det de har villet melde, ser du, far," sa broren igjen.

"Far!" hvisket skårungen, "du må skynde deg før de andre. Du blir rik, sa handelsmannen."

"Å nei, å nei, det blir nok liten rikdom av dette! Hvordan er det med deg, gutt?"

"Jeg har bare—slått meg—litt."

"Kjenner du om noe er i stykker på deg?"

"Nei. Ikke det."

Nå kom doktoren som de hadde sendt for. Han kjente på gutten og spurte, og sa endelig at det slett ingen fare var. "Men gutten har vært forferdelig skremt—."

"Bare—på slutten!" hvisket skårungen.

Ja ja, mente doktoren, nå fikk han holde seg i ro et par dager og drikke noe som han ga ham. Og far og brødrene kunne trygt reise til Storpollen, straks om de ville, bare de fikk én til å være hos gutten til han ble frisk igjen.

Bernt Lie

EN GAMMELDAGS JULAFTEN

Vinden pep i de gamle trærne like utafor vinduene mine. Snøen fløy ned igjennom gata, og himlen var så mørk som en desember-himmel kan være her i Oslo.

Mine tanker var like så mørke. Det var julaften. Men det var den første julaften jeg ikke kunne være hjemme. For noen tid siden var jeg blitt offiser,[1] og hadde ventet å kunne glede mine gamle foreldre ved å være sammen med dem i julen; jeg hadde også ønsket å vise meg for hjembygdens damer. Men jeg ble plutselig syk, måtte på hospitalet,[2] og jeg hadde først kommet ut av det for ei ukes tid siden.

[1] en [ɔfiseːr].   [2] et **hospital** [hospitaːl].

Jeg hadde skrevet hjem etter Storborken,[3] hesten vår, men brevet kunne knapt nå fram til dalen før annen juledag,[4] og først ved nyttår kunne hesten ventes hit. I byen hadde jeg ikke en venn, ikke en familie jeg kunne glede meg med. De to gamle frøkener jeg bodde hos var nok vennlige mot meg, og de hadde hjulpet meg mye i begynnelsen av min sykdom. Men disse frøkeners hele måte å være på var altfor mye av den gamle verden. Det var noe ved dem som lignet huset de bodde i. Det var ett av disse gamle husene med dype vinduer, lange, mørke trapper, store rom og loft, hvor en måtte tenke på nisser[5] og troll. Ei gift søster pleide å komme der, men ellers kom det aldri andre enn et par gamle fruer. Det eneste livlige var ei vakker søsterdatter og noen morsomme brorbarn, som jeg alltid måtte fortelle eventyr og nissehistorier.[6]

Jeg forsøkte å glede meg litt ved å se på alle de travle menneskene som fór opp og ned gata i snø og vind, med rødblå neser og halvlukkede øyne. Barnelatter i sideværelset og ei svak banking på døra brøt inn i mine tanker.

På mitt "kom inn" trådte den eldste av damene, frøken Mette, inn, spurte hvordan det stod til, og bad meg så å komme ned til dem om aftenen. "De har ikke godt av å sitte så alene her i mørket, snille hr. løytnant,"[7] la hun til. "Vil De ikke komme inn til oss med det samme? Gamle mor Skau og min brors småpiker er kommet. De vil kanskje ha litt moro av det; De holder jo så meget av de glade barn?"

Jeg takket og fulgte henne ned. Da jeg trådte inn, kastet en ild som brente i en stor rund ovn et rødt, skiftende lys ut i værelset, som var meget dypt og fullt av gamle møbler.[8]

"De må unnskylde, hr. løytnant, at vi ikke har tent lys ennå," sa frøken Cecilie, den yngre søstra, som i det daglige liv alminnelig ble kalt Sillemor. Hun møtte meg med en hjertelig hilsen. "Men

---

[3] the big dun (horse); **borket** is a yellowish color with a tinge of red. [4] **annen juledag** day after Christmas (a holiday in Norway). [5] **en nisse** a brownielike creature with a red stocking cap supposed to live in barns and old houses, usually friendly. [6] **en nissehistorie** story about the **nisse**. [7] [ˈløytnant] lieutenant; the word **herr** is always prefixed to titles when addressing the bearer (**hr. professor, hr. doktor**). [8] et **møbel**, *pl.* **møbler** (piece of) furniture.

barna leker så gjerne ved ilden om kvelden, og mor Skau er også
glad ved en liten samtale i ovnskroken."[9]

"Nei ja så! Du er selv glad i å sitte her og snakke, Sillemor, og
så skal vi ha skylden," svarte den gamle fruen som ble kalt mor
Skau.

"Å nei, er det deg løytnant, jeg kjente deg ikke, hvor blek du er,
det er lenge siden vi så deg," ropte barna i munnen på hverandre
og samlet seg om meg. "Nå må du fortelle oss noe morsomt, det
er så lenge siden du fortalte—å fortell om Smørbukk,[10] snille deg,
fortell om Smørbukk og Gulltann." Jeg måtte fortelle om Smør-
bukk og hunden Gulltann, og enda et par historier om de to nissene
som stjal høy fra hverandre og møttes med hver si høybør[11] på
nakken, og sloss så de ble borte i en høysky. Barna klappet i
hendene og lo. "Det var morsomt," sa de og ville ha mere.

En foreslo at jeg skulle fortelle om nissen som danset halling[12]
med jenta. Det var en fortelling jeg ikke gjerne gikk inn på, da
det hørte sang til. Men da de på ingen måte ville la meg slippe,
begynte jeg å gjøre stemmen ferdig til å synge hallingdansen som
hørte til. Da trådte den vakre søsterdattera inn, til barnas og min
glede. "Ja, nå, barn, nå skal jeg fortelle, hvis dere kan få frøken
Lise til å synge hallingen for dere," sa jeg, "for dere vil vel danse?"
Hun måtte love de små å synge dansemusikken, og jeg begynte min
fortelling.

"Det var engang—jeg tror nesten det var i Hallingdal[13]—ei jente
som skulle gå med fløtegrøt[14] til nissen. Om det var en torsdag
kveld, eller en julekveld, det kan jeg ikke huske; men jeg tror visst
det var en julekveld. Hun syntes det var for galt å gi nissen den
gode maten, spiste så selv fløtegrøten, og gikk på låven med havre-
melsgrøt[15] og melk. "Der har du maten din, styggen!" sa hun.
Men ikke før hadde hun sagt det, så kom nissen farende og tok
henne og begynte en dans med henne. Det holdt han på med til

---

[9] en **ovnskrok** chimney corner.   [10] fairy tale about a little boy so nicknamed
because he was very round and well-fed; a troll wants to devour him, but he
escapes by various tricks.   [11] load of hay.   [12] en **halling** a country dance from
the district of Hallingdal.   [13] valley in east-central Norway (see a map).   [14] **-en**
cream porridge (a special delicacy).   [15] oatmeal porridge.

hun lå på golvet, og da det kom folk på låven om morgenen, var hun mer død enn levende. Men så lenge som han danset, sang han—" Her var mitt arbeid gjort; frøken Lise tok over nisse-sangen og sang to vers i hallingtakt:[16]

A du har ett opp grauten for tomten[17] du!
Å du skal få danse med tomten du!

Å har du ett opp grauten for tomten du,
så skal du få danse med tomten du!

Under dette hjalp jeg til ved å trampe[18] takten[19] med begge føttene, mens barna hoppet og sprang mellom hverandre på golvet. "Jeg tror dere setter stua på taket med det samme, barn; dere skriker så jeg får vondt i hodet," sa gamle mor Skau. "Vær nå rolige litt, så skal jeg fortelle dere ei historie."

"Fortell, fortell, mor Skau!" ropte barna. Det ble stille i stua og hun begynte: "Da min mor ennå var pike, kom hun av og til hos ei gammel frue som hun kjente, som hette—ja, hva var det nå hun hette da?—fru—nei, jeg kan ikke huske det—men det kan være det samme også. Hun bodde oppi Møllergata og var ei kone noe over sin beste alder. Så var det en julaften liksom nå. Så tenkte hun ved seg selv at hun skulle gå i kirken tidlig om jule-morgenen, for hun gikk mye i kirken. Og så satte hun ut kaffe, forat hun kunne få seg litt varmt å drikke før hun gikk. Da hun våknet, skinte månen inn på golvet. Men da hun stod opp og skulle se på klokka, hadde den stanset, og viste halv tolv. Hun visste ikke hva tid det var på natta; men så gikk hun bort til vin-duet og så over til kirken. Det lyste ut igjennom alle kirkevin-duene. Hun vekket pika og lot henne koke kaffe, mens hun klædde på seg, og tok salmeboka og gikk i kirken. Det var så stille på gata, og hun så ikke et menneske på veien.

"Da hun kom i kirken, satte hun seg på stolen hvor hun pleide å sitte. Men da hun så seg om, syntes hun folkene så så bleke og underlige ut, akkurat som lik alle sammen. Det var ingen hun kjente; men det var mange hun syntes hun skulle ha sett før, men

---

[16] halling tempo, rhythm. [17] en **tomte** same as **nisse**. [18] -t stamp. [19] en **takt** time, rhythm.

hun kunne ikke minnes hvor hun hadde sett dem. Da presten kom på prekestolen,[20] var det ikke noen av byens prester, men en høy, blek mann hun også syntes hun skulle kjenne. Han holdt en vakker tale, og det var svært stille i kirken, ikke slik som det pleier å være en julemorgen. Det var så stille at hun ble ganske redd. Da de begynte å synge igjen, bøyde ei kone som satt ved siden av henne seg bort til henne og hvisket i øret på henne: 'Kast kåpa løst om deg og gå, for blir du til det er forbi her, så gjør de ende på deg. Det er de døde som går til kirke her nå.'

"Uff, jeg blir redd, jeg blir redd, mor Skau," klagde en av de små og krøp opp på en stol.

"Hysj, hysj, barn, hun slipper godt fra det. Nå skal du bare høre," sa mor Skau. "Frua ble også redd, for da hun hørte stemmen og så på kona, kjente hun henne. Det var nabokona hennes som var død for mange år siden, og da hun så seg om i kirken, husket hun godt at hun hadde sett både presten og mange av de andre, og at de var døde for lang tid siden.

"Det isnet[21] i henne, så redd ble hun. Hun kastet kåpa løst om seg, som kona hadde sagt, og gikk sin vei. Men da syntes hun de vendte seg og grep etter henne alle sammen, og bena skalv under henne, så hun nær hadde falt ned på kirkegolvet. Da hun kom ut på kirketrappa, tok de henne i kåpa; hun slapp taket, lot dem få kåpa, og skyndte seg heim så fort hun kunne. Da hun var ved stuedøra si, slo klokka ett, og da hun kom inn, var hun nesten halvdød, så angst var hun. Om morgenen, da folk kom til kirken, lå kåpa på trappa; men den var revet i tusen stykker. Min mor, hun hadde sett den mange ganger før, og jeg tror at hun hadde sett ett av stykkene også, men det er nå det samme—det var ei kort lyserød kåpe med hareskinn langs kantene, slik ei som de brukte i min barndom enda. Nå er det sjelden å se sådanne;[22] men det er noen gamle koner her i byen som jeg ser i kirken med sånne kåper i jula."

Barna, som var blitt litt skremt under den siste del av fortellingen,

---

[20] en **prekestol** pulpit.   [21] **isne, -t** lit. turn to ice; **det isnet i henne** cold shivers ran up and down her back.   [22] **sådan** same as **sånn** (old-fashioned form).

sa at de ikke ville høre flere slike fæle historier. De hadde krøpet opp på stolene, og sa at de syntes det satt noen og tok etter dem under bordet. I det samme kom det inn lys, og nå så vi at barna satt med bena på bordet. Lysene og julekaka, syltetøy,[23] bakkels[24] og vin jagde angsten vekk, gjorde samtalen livligere, og førte den over på andre ting. Endelig kom den svære middagen og førte tankene mot det solide, og vi skiltes tidlig fra hverandre, med ønsket om en gledelig jul.

Men jeg hadde en meget urolig natt. Jeg vet ikke om det var fortellingene, maten, min sykdom eller alt dette sammen som gjorde det. Jeg kastet meg urolig hit og dit og var midt inne i nisse- og spøkelseshistorier[25] hele natta. Til sist fór jeg til kirken mens klokkene ringte gjennom lufta. Kirken var full av lys, og da jeg kom inn, var det kirken hjemme i dalen. Det var ikke andre å se der enn bønder med røde luer, og bondejenter med skaut[26] og røde kinn. Presten stod på prekestolen; det var min bestefar, som var død da jeg var en liten gutt. Men da han var midt inne i sin preken,[27] hoppet han ned i kirken, så at kjolen fór på én kant og han på en annen. "Der ligger presten, og her er jeg," sa han, "og la oss nå få en springdans!"[28] Øyeblikkelig danset alle i kirken den villeste dans, og en stor, lang bonde kom bort og tok fatt i meg og sa: "Du må være med, kar."

Jeg visste ikke hva jeg skulle tro, da jeg i det samme våknet og følte taket i min skulder og så den samme jeg hadde sett i drømme bøye seg over senga mi med luen ned over ørene og et par store, klare øyne som stirret vennlig på meg.

"Du drømmer visst, kar," sa han i hjembygdens kraftige mål, "og du sover tyngre enn en bjørn om vinteren. Guds fred og gledelig jul! sier jeg fra far din og dem i dalen. Her er brev fra far din, og Storborken står utafor og venter på deg."

"Men er det deg, Tor?"—Det var min fars arbeidskar, en gild bondegutt.—"Hvordan i all verden er du kommet hit nå?" ropte jeg glad.

---

[23] jam. [24] bakery goods, pastry, cookies. [25] en **spøkelses-historie** ghost story. [26] kerchief (used as head dress). [27] [ˈpreːkən] sermon. [28] a lively country dance.

"Jo, det skal jeg si deg," svarte Tor. "Jeg kom med Borken. Men ellers så var jeg med far din ute på Nes, og så sa han: 'Tor,' sa han, 'nå er det ikke langt til byen, du får ta Borken og reise inn og se til gutten, og er han bra og kan være med, så skal du ta ham med,' sa han."

Da vi fór fra byen, var det klart igjen, og vi hadde en fin tur. Borken sprang i vei med sine gamle, sterke ben, og en slik jul som jeg hadde den gang, har jeg aldri hatt hverken før eller siden.

P. Chr. Asbjørnsen

JULEBUKK[1]

Det var ifjor vi gikk julebukk, Massa, Mina og jeg.[2] Vi hadde kledt oss ut oppe på mitt værelse.

"Hvis noen spør dere hvor dere er fra," sa mamma da vi var ferdige, "kan dere trygt si: fra fantasiens land; jeg synes dere ser slik ut."

Draktene[3] var riktig morsomme, og så hadde vi naturligvis masker[4] allesammen,—store masker som gikk helt nedover haken, med veldige neser og sterkt røde kinn.

Jeg vet ikke hvem det var som foreslo at vi først skulle gå til madam[5] Land, men vi var straks villige alle tre. Vi gikk så stille vi kunne opp trappa til gatedøra hennes. Men nå ville ulykka at madam Land har et stort jernlodd[6] på gatedøra, for at den skal lukkes igjen av seg selv, skjønner dere. Hvordan det hendte vet jeg ikke—vi gikk virkelig så forsiktig i døra—men jernloddet fór i golvet med et veldig smell.[7] Vi ble så redde at vi var ferdige til å løpe ut av den mørke gangen igjen da madam Land og mannen hennes—for hun har virkelig en mann, enda aldri noen snakker om ham—kom farende ut med lampe og lys.

"Nei takk," ropte madam Land så snart hun fikk se oss. "Slikt vil jeg ikke vite noe av! Ut med dere igjen,—og det fort!"

---

[1] A Norwegian Christmas custom, described in the story; 'Christmas fooling.'
[2] The 'I' of the story is a girl named Inger Johanne, heroine of several books by the same author. [3] en **drakt** costume, dress. [4] en **maske** mask. [5] en **madam** [madamm] Mrs. (a less distinguished term than **fru,** which has now generally displaced it as a title). [6] iron weight. [7] crash, bang.

"Nei, lille Marie," sa hennes mann—han er fra Danmark,[8] Land, og snakker så søtt og klusset[9]—"du skulle be småfrøknene inn; det er ikke folk fra gaten dette, Marie."

Land hadde tydelig lagt merke til de pene draktene våre. Madammen mumlet noe om at hun brydde seg ikke om hva slags folk det var. Men Land hadde alt åpnet døra og bad oss meget pent "kom inn!" Det var hett som i en bakerovn[10] inne i stua, og en tobakksrøyk så tett at jeg trodde jeg skulle ha mistet pusten bak masken. Land bukket og bukket og satte tre stoler fram midt på golvet.

Nå hadde vi sagt hjemme at vi bare ville tale p-mål,[11] for da kunne ikke et menneske kjenne oss.

"Tør man spørre hvor disse tre vakre unge damene kommer fra da?" spurte Land.

Massa tok ordet; men hun har aldri vært flink i p-mål; derfor gikk det rent galt.

"Pra-pra fan-tan-ti-si-pi-ti-si-pi-hi—" det ble helt umulig for henne. Mina og jeg døde nesten av latter og varme.

"Det er nok folk som har faret langt dette, lille Marie, du må komme med noe å drikke."

Marie så ikke ut til å være meget villig til å gi oss noenting, men hun gikk da bort i et skap i hjørnet og tok fram noen kaker. Det var noen bleke, døde fattigmenn[12]—når fattigmann er fæl, er den riktig fæl, vet dere. Jeg grudde[13] meg før jeg stakk en bit i munnen. Å spise kake når en har maske på, og ikke større munn enn en liten sprekk, er forresten ikke lett. Det lille jeg fikk inn smakte av kamfer,[14] så madam Land hadde visst medisinen sin i samme skap som kakene sine.

"Kanskje småfrøknene har lyst på et glass øl?" sa Land plutselig.

"Nei takk—nei-pei—takk-pakk"—vi reiste oss alle tre. Det var

---

[8] Denmark. [9] indistinctly. [10] (bake + ovn) baking oven. [11] childish secret language, putting p before words; cf. American children's 'pig latin.' [12] en fattigmann 'poor man,' a very thin diamond-shaped fried cooky with wavy edges. [13] grue seg, grudde, grudd (also gruet) dread. [14] camphor.

visst Land som selv hadde lyst på det og tenkte han skulle lure sin Marie på denne måten.

Vi neide[15] og neide; Land bukket og fulgte oss ut, smilende. Madam Land låste døra så snart vi stod på trappa, og jeg hørte at hun sa noe om "de langbeinte ungene." Å, hvor vi lo! Madam Lands fattigmann hadde vi allesammen i lommen.

"Nå går vi til madam Pirk," sa jeg.

"Er du gal, Inger Johanne, vi tør ikke—hun er mye verre enn madam Land."

"Jo, det er så forferdelig morsomt, kom bare, kom."

Vi gikk så stille som om vi kom for å stjele inn i madam Pirks kjøkken. Det var mørkt, men det lyste i nøkkelhullet inne fra stua.

"Hyss-s-ti-stille"—madam Pirk kremtet inne i stua; vi hoppet allesammen: "Nå kommer hun visst."

Igjen stillhet og halvkvalt[16] latter ute hos oss.

"Nå kremter jeg," hvisket jeg.

"Er du gal, Inger Johanne—for alt i verden gjør det ikke!"

"Nå gjør jeg det—hm—m!"

Massa og Mina holdt meg begge to for munnen; jeg lo så jeg ble nesten dårlig. En stol ble flyttet inne i stua, døra åpnet, et skarpt lys falt ut på våre tre skikkelser, og madam Pirk stod i døra med briller på nesen.

Jeg trådte fram.

"God-pod dag-pag."

Madam Pirk var som et lyn borte i hjørnet og grep en sopelime.[17]

"Ut!" ropte hun. "Ut med dere; jeg skal ikke ha noe sånt noe."

"De skal ikke få noe heller," sa Mina til henne. Ut igjennom døra løp, snublet, falt vi over hverandre, madam Pirk etter oss med sopelimen, like ut i gata. Det var fryktelig morsomt å bli kastet på dør av madam Pirk.

Så gikk vi til Macks.

Mack og frue har ingen barn; Mack kaller allikevel alltid sin kone for "mamma."

---

[15] **neie, neide, neid** curtsy.   [16] half choked.   [17] broom.

De satt alene i den store, lyse stua si da vi trådte inn. Fru Mack la kabal,[18] Mack satt ved siden, røykte på ei lang pipe, og pekte med pipa på de kortene han syntes hun skulle ta. Vi stod ved døra og neide.

"Nei se—velkommen, ungdom og glede!" sa fru Mack og reiste seg; "det var noen snille ungdommer, som kommer og besøker et par gamle folk."

Mack kom og pekte med pipa på hodene våre: "Opp i sofaen—opp i sofaen med dere alle tre!"

Der satt vi under lampa.

"Og hvor er disse pene små damene fra da?" spurte Mack.

"Vi er fra fantasiens land," sa Mina.

"Vi seller smør," sa jeg.

"Nei, i fantasiens land lager de ikke smør," sa fru Mack.

Pika kom inn med et svært brett,—det var noe annet enn madam Lands kamferfattigmann. Men jeg tenkte med sorg på at jeg bare hadde en liten sprekk til munn.

"Og så tenker jeg vi tar av oss maskene," sa Mack, "hvis våre små gjester fra fantasiens land vil more seg en aften med et par gamle folk."

Om vi ville! Vi tok straks maskene av; men tenk, Mack sa at han hadde kjent meg i det samme vi kom inn av døra. Uff, det er kjedelig at en ikke kan være andre enn seg selv!

Men fru Mack tok et glass mjød[19] og deklamerte:[20]

Ungdom, du ungdom, du gledelige tid,
tid full av glede så ren og så blid;
ungdom, bo enda i min gamle barm,[21]
uskyldig[22] ren midt i verdens larm.[23]

"Det har mamma selv skrevet," sa Mack og så beundrende opp på sin kone.

Tenk, den som kunne skrive dikt slik som fru Mack! Det måtte være deilig. Jeg har prøvd siden om jeg kunne, men det gikk ikke; for rimene var så vanskelige.

[18] en [kabaːl] solitaire. [19] -en mead (a drink made with honey). [20] **deklamere** [deklaˈmeːrə], -erte, -ert declaim, read by heart. [21] en **barm** bosom. [22] [uˈʃyldi] innocent(ly). [23] en **larm** noise, confusion.

Senere på aftenen danset fru Mack menuett[24] for oss.   Hun holdt opp i kjoleskjørtet[25] med begge hender, og sang med en fin, gammel stemme.

"Tra-la, tra-la—lalalala."

"Husker du, Mack?   Husker du, Mack, at de spilte den, den aften du fridde til meg?"

"Om jeg husker?"

Og Mack og frue så varmt og kjærlig på hverandre.

"Tenk, at jeg som er sånn ei stygg kvinne, kunne bli gift!" sa fru Mack til oss i sofaen.

"Du stygg!"   Og Mack og frue kyste hverandre midt på munnen.

"Ja, nå skal vi se, barn, når dere blir gamle, om dere har gjort som Mack og meg—vi har danset menuett hele livet igjennom, og minnene fra ungdommen har vært musikken."

Da vi gikk om aftenen, hadde vi alle tre lommene fulle av epler og nøtter og kaker.

Det er forferdelig morsomt å gå julebukk.   Prøv det bare!

Dikken Zwilgmeyer

JULEGJEST

Et par ganger om året, hver høst og hver vår, kom Lars Stuen så langt ned i bygda som der kirken lå og der prest og doktor bodde. Ikke før fikk folk høre at nå kom han over brua, tung og veldig, så løp barna i hus som de var gale.   Der stod de og klemte nesen mot vinduene og så ham gå forbi.   Og hvor han gikk, snudde folket seg langsomt og så etter ham.   For Lars Stuen hadde drept et menneske; for mange år siden hadde han ei vinternatt slått ihjel en handelskar[1] og plyndret ham.   I ti år hadde han sittet i fengsel[2] og var sloppet ut på prøve,—og folk undret seg om han ville klare prøven,—selv om det var lenge siden, kunne en aldri vite.

Han kom fra den vesle stua si langt inne i ville fjellet, han gikk derfra om morgenen og nådde bygda ved middagstider og gikk like til doktorgården.   Doktoren sendte de ting som Lars Stuen laget i tre til byen for ham, og doktorens hus var det eneste Lars søkte.

---

[24] [menuett] minuet.   [25] et kjoleskjørt skirt(s).

[1] peddler.   [2] et fengsel prison.

Fra han kom til han gikk sa han aldri et ord. Han satt bøyd borte ved døra, med det grå håret ned i pannen og med hendene foldet mellom knærne; og snakket noen til ham, bare nikket han eller rystet på hodet.

"Han er like god som noen av oss andre," sa doktoren; "han er en bra og fredelig mann. Men jeg skulle svært gjerne høre ham snakke ut en gang; det er ikke annet enn ja og nei å få av ham."

Når han var ferdig i doktorgården, gikk han. Mot kveld ruslet han heimover. Den som møtte ham, gikk gjerne litt til side og så etter ham der han gikk, veldig som et vandrende berg, med lange skritt, seende fram for seg med de rare hvite øynene, den ene skulderen skjev av å bære den tunge sekken, som nå var full av varer.[3] Slik gikk han fram, jevnt, en grå skygge i kvelden, en kunne følge ham med øynene helt til han tok av bygdeveien innover fjellet. Stua, hvor han bodde ganske alene, ville han ikke nå før utpå natta.—

—Så var det en jul at doktoren ble hentet til en syk oppe i øverste del av bygda, og for å være sikker på å komme heim julekvelden, kjørte han så langt han kunne og gikk så på ski over fjellet til den lille fjellgården. Han sparte fire timer mot at han skulle kjøre hele veien. Allikevel måtte han bli der natta over og drog på heimveien lillejulaftens[4] formiddag. Det var grått i været og mildere, men det var lett å gå, doktoren hadde gått der før.

Da han hadde kommet så langt som et par timers gang fra gården, dit hvor det ligger en svær stein som ganske ligner et stort dødt dyr, tok det til å snø. Det var slikt svært, plutselig snefall, som om himlen falt ned. Med ett så han ikke hånda for seg, han måtte stadig ryste den tunge snøen av seg, den la seg i øynene og gjorde ham blind. Dagen før hadde snøen båret sikkert og lett, nå slo skiene stadig igjennom. Han tenkte en stund på å snu, men mente han snart var kommet så langt at det skulle bære nedover mot skogen, og så var det kort igjen til folk. Han gikk derfor rolig videre; men da han hadde gått en stund, kom han til en bakke opp, mente han hadde tatt for langt innover fjellet, forandret

[3] en vare goods. [4] lillejulaften day before Christmas Eve (Dec. 23).

retning, og kom ut på en stor hvit flate.[5]   Det måtte være et vann;
men han skulle ikke over noe vann.   Han tok kompasset[6] fram,
trodde han hadde funnet retningen, satte avsted og fulgte det han
trodde var bekken som rant ut av vannet.

Men så tok snøen til å røre på seg.   Den lå ikke lenger, den
løftet seg, først som fin røyk, så møttes snøen fra jorda med snøen
fra lufta, det ble en strøm, en stri hvit strøm like mot, det hadde
blitt storm.

Doktoren var en stor, sterk mann, rolig og modig.   Han visste
at han ikke kunne gå like mot stormen som straks ville ta pusten
fra ham, han fikk bryte av og sette nedover mot skogen.   Men det
bar ikke nedover.   Enten gikk han i ring, eller han kom lenger
innover fjellet.   Han fikk kompasset fram igjen, men skjønte han
hadde ikke anelse om hvor han var.   Snøen hadde vært våt da
stormen begynte, nå frøs den til is, klærne hans ble stive, ansiktet
var sårt, og han kunne nesten ikke bøye fingrene.

Han bestemte seg for å gå slik at han hadde stormen i ryggen,
og la i vei.   Han hadde ikke gått mer enn en halv times tid før han
skjønte at nå orket han ikke mere.   Han stanset, der lå en stein,
nå dekket helt av snø, der la han seg framover for å hvile.   Da så
han hus like ved.   Han kjente stedet, det var Stuen.

Doktoren måtte slå hardt og mange ganger på døra før Lars kom
og lukket opp.   Et skjegget ansikt stirret ut, så ble døra åpnet litt
til, og doktoren slapp inn.

Det var bare et eneste værelse hele stua, men det var varmt, det
var ovn og seng og et bord borte ved det vesle vinduet, det var
vidunderlig[7] å komme der inn.   Doktoren veltet seg ned på senga
og ble liggende og puste, denne gang slapp du fra det med livet,
tenkte han.

Lars hadde satt seg bort til vinduet, han satt som vanlig med
hendene mellom knærne, han sa ingenting, spurte ikke, han bare
stirret med sitt underlige blikk.   Så doktoren bort på ham, flyttet
Lars straks blikket, men så snart doktoren igjen stirret mot taket,
hadde han Lars' øyne på seg.

---

[5] en **flate** level, plain.   [6] et **kompass** [kɔmpass] compass.   [7] [vi'dundərli]
wonderful.

Doktoren reiste seg og begynte å ta av seg klærne. Han spurte Lars om han ikke hadde noe varmt å la ham få å drikke. Lars reiste seg, tok ei skinnlue og trakk godt nedover ørene og gikk ut. Doktoren satt alene igjen, han hørte stormen jage over den vesle stua. Den kommer nok fra nord, tenkte han, så har jeg hele tiden gått innover fjellet istedenfor nedover til bygda. Han fikk klokka fram, den var ni om kvelden, han hadde gått i syv timer. Det gjør allikevel ikke så mange etter meg i min alder, tenkte han videre og strakte seg bort til vinduet og så ut.

Han så at der var et lite hus til, og ut fra det kom i det samme Lars, han bar ei øks under armen, skjegget rørte seg, mannen mumlet, han snakket, doktoren kunne se han snakket med seg sjøl. Og mens han så på den veldige mannen med øksa under armen, kom han til å huske på at den mannen han hadde kommet til var en mann som hadde slått ihjel.

Doktoren ville vel ellers ha ledd av den tanken at han skulle være redd for Lars Stuen. Nå var han trett, og synet av mannen som stod derute i stormen med øksa under armen og mumlet for seg selv fikk hjertet hans til å banke, blodet gikk ham til halsen. Tøys,[8] sa han til seg selv, slikt gjør et menneske en gang og aldri igjen, men i det samme tenkte han, hva han har gjort en gang kan han også gjøre nå, kanskje er han gal, kanskje må han drepe når fantasien er over ham, og kanskje er det nettopp slik i natt.

Han kunne ikke flykte ut igjen, det var den sikre død. Han kunne ikke stenge døra, for det var ingenting som kunne stå mot den annens krefter, og der banket Lars snøen av seg utafor. Doktoren stod og stirret mot døra, og så hørte han Lars snakke med seg selv, mumle ord, de var ikke til å forstå, det var ikke tvil, han snakket med seg sjøl, kanskje prøvde han å overtale[9] seg til et eller annet, tenkte doktoren.

Lars kom inn, han hadde armene fulle av ved, la seg ned foran ovnen og tok til å hogge fliser,[10] derfor hadde han øksa med inn. Men det kunne han ha brukt en kniv til, tenkte doktoren og slapp ham ikke med øynene.

Lars fikk god varme i ovnen og satte kaffekjelen på, stod litt og

---

[8] nonsense.   [9] **overtake, -talte, -talt** persuade.   [10] ei **flis** chip.

lyttet til den, så satte han lua på seg igjen. Setter han øksa fra seg, så gjemmer jeg den, tenkte doktoren, men Lars la ikke øksa bort, han tok den under armen og gikk ut. Doktoren hengte klærne sine opp for å tørke og satte seg bort til ovnen og varmet seg. Du tør ikke sove, tenkte han. Så hørte han Lars komme inn, han mumler om han skal slå meg ihjel, han vil ikke, men han kan ikke la være, tenkte doktoren og kjente seg stiv i kroppen.

Lars kastet mere ved inn under ovnen, han gikk omkring i stua, fikk kaffen til å koke, stelte til på bordet, det var brød, smør, kjøtt og sukker, han skjenket i kaffe og nikket, han snakket ikke, bare nikket mot doktoren. Doktoren var sulten, men kunne ikke spise, for da måtte han sitte med ryggen til Lars, han kunne ikke la være heller, han drakk kaffe og bet en bit brød. Stadig hadde han den annens øyne på seg. "Jeg er for trett til å kunne spise," sa doktoren og snudde seg helt mot Lars.

Lars reiste seg, løftet op sengklærne og nikket til gjesten at han skulle legge seg. "Hvor skal du ligge da," sa doktoren og ville le, "du må da ligge i senga di sjøl." Men Lars bare rystet på hodet og satte seg bort til bordet ved vinduet. Øksa hadde han satt opp ved veggen derborte, den var bare en armslengde[11] fra ham.

Jeg går og legger meg, tenkte doktoren, jeg kan like godt hoppe i det, er det døden, så er det døden, det blir den siste senga du ligger i, gutt, sa han til seg selv. Han la seg slik at han kunne se Lars hele tiden, så prøvde han å snakke med ham.

"Har du laget mange treskjeer siden sist," spurte han. Lars nikket. Doktoren følte seg så trett, og så redd han var, kunne han ikke holde seg fra å sovne. Han våknet igjen plutselig, fikk klokka fram, den var halv ett.

"Det er julaften," sa han høyt.

Han lå litt og så forsiktig på Lars. Det var julaften, han tok til å tenke på dem der hjemme, hvor redde de nå var for ham, på barna, en av guttene hadde han skjent på like før han reiste, skulle de ikke bli venner igjen, skulle han ikke se dem mer; det skalv gjennom ham. Du kommer aldri hjem, sa han til seg selv, han lå

[11] arm's length.

og lyttet til uværet og stirret bort på mannen ved vinduet; bøyde han seg ikke ned, rakte han ikke hånda etter øksa?

Doktoren ville ikke sove, men han sov allerede. En kan ikke slite i syv timer med snøstormen, legge seg i ei varm stue og enda holde seg våken, selv om en er redd for å bli drept. Han så alltid lengere borte Lars' svarte svære skygge, han grov seg ned i snøen for å dø der, men han ville ikke dø, han ville opp igjen ut av den dype snøen, han slo i den alt han orket, han slo mot sengekanten og våknet.

Det var mørkt i stua, Lars satt enda ved bordet, men han holdt på med noe. Nå så doktoren hvad det var, Lars hadde tent et lys, men satt noe for som skygget mot ham som sov. Lars hadde fått fatt på ei bok. Doktoren stirret undrende, leste mannen, holdt han seg våken og lesende, og med en gang gikk det kaldt igjennom ham, mannen der borte tok til å mumle, han leste lavt og langsomt:

Men det begav¹² seg i de dage, at en befaling¹³ gikk ut fra keiser¹⁴ Augustus. . . .

Det var jule-evangeliet.¹⁵

Doktoren rørte på seg, Lars hørte det og så opp. Men doktoren lå stille, han lot som han sov. Teppet var glidd av ham, han torde ikke trekke det på igjen. Gjennom de halvlukkede øynene så han Lars reise seg, forsiktig kom han bort til senga, tok han ikke øksa med, nei, han lot den stå, nå var han helt borte ved senga og bøyde seg over den, og la klærne forsiktig om doktoren. Da han var ferdig, stod han og så på gjesten sin med et underlig fortapt¹⁶ uttrykk og gikk så stille tilbake til plassen ved vinduet.

Med en gang skjønte doktoren det, mannen syntes det var helg¹⁷ i stuen, høytid,¹⁸ et menneske hadde søkt ly¹⁹ under hans tak, hadde blitt hans julegjest, det var et tegn²⁰ fra himlen at dens vrede²¹ var tatt fra ham. Til et mørkt sinn hadde en blek lysning²² nådd fram, og her hadde han ligget og vært redd for en morder.²³ Mannen ved

---

¹² [begaːv] from **begi seg** come to pass. ¹³ order, command (from **befale**).
¹⁴ en [keisər] emperor. ¹⁵ [juːlə-evaŋeːliə] the Christmas Gospel. ¹⁶ lost.
¹⁷ en **helg** holiness. ¹⁸ solemnity, a solemn occasion. ¹⁹ shelter. ²⁰ sign. ²¹ **-n**
wrath. ²² glimmer of light. ²³ murderer.

vinduet ville feire[24] julen på sin egen måte, med boka, han skulle vise sin takk, han leste igjen, mumlet for seg sjøl, en veldig, brun finger pekte på bokstavene, og doktoren lå stille og forundret og lyttet til.

—Om morgenen hadde stormen stilnet, og det lå vakker hvit snø utover fjellet. Lars fulgte sin julegjest til første gård, og utpå ettermiddagen julekvelden nådde doktoren heim til bygda.

Kristian Elster den yngre

[24] -t celebrate.

v

V. TIL AMERIKA

There were Norwegians in this country long before regular immigration began.   The first ones came by way of Iceland and Greenland around the year 1000 to become the first known discoverers of our continent.   Others accompanied the Dutch who settled in New Amsterdam, later New York, in the seventeenth century.   But the *Mayflower* of the Norwegians was the sloop *Restaurationen*, which put out from Stavanger in 1825 with a boatload of religious dissenters, many of them influenced by English Quakers.

It was a long step from this little group of emigrants to the many Norwegian settlements of the Middle West.   The triumphs and the hardships that accompanied this great folk migration have been most notably pictured in O. E. Rølvaag's novel, *Giants in the Earth.* But there were other problems than those of settlement that faced the immigrant.   He came from familiar haunts of childhood to a strange land, among people whose speech he could not understand. He was often scorned for his odd behavior and clumsy speech— sometimes even by his own children.   Waldemar Ager, of Eau Claire, Wisconsin, who immigrated from Norway in 1886 at the age of seventeen, is among the best of those writers who have brought out the poignancy of these experiences.   In a long series of novels and short stories he has recreated vividly the feel of Norwegian-American group life and the gradual slipping away of the younger generation from the emotional attachments of the older. Through the sympathy of his insight we grow keenly aware of the comedy and the tragedy that are essential parts of the immigrant's life.

NORDMENN I AMERIKA[1]

I året 1825 reiste en flokk nordmenn ut fra Stavanger[2] og satte seg ned i staten[3] New York. Men det var også de eneste som ble boende i den østlige del av landet. De som fulgte drog stadig lenger og lenger mot vest. Det var især Midtvesten som ble nordmennenes land, statene i Mississippi-dalen.

I de siste hundre år har minst 800 000 nordmenn reist over havet og funnet seg hjem i Amerika. Det bor over to millioner mennesker av norsk ætt[4] i de Forenede[5] Stater idag; og det er ikke så lite, for det er nesten like så mange mennesker som i hele Norges land.

Landet var omtrent tomt i Midtvesten da nordmennene begynte å bygge seg hjem på det. De hogde ned skogen og gjorde den til åker. De hjalp til å pløye opp prærien.[6] Det kostet dem ikke lite før de kom så langt at de fikk noe igjen for arbeidet sitt. Det er ofte vanskelig for oss å tenke oss hva de måtte gå igjennom i den første pionértid.[7] Men de vant fram til slutt, for de hadde gode krefter og en sterk vilje, som ikke lot seg skremme av vanskelighetene.

Kleng Peerson var navnet på den mann som ofte kalles "utvandringens[8] far." I 1833 hadde han vært på reise i Midtvesten; han fór stadig omkring for å se etter muligheter for sine landsmenn. En dag han var sulten og trett etter ei lang dagsreise, satte han seg ned under et tre for å hvile. Han sovnet inn og hadde en merkelig drøm. Han så at hele den grå, tomme prærien hadde blitt til rike åkrer. Utover prærien så han hus etter hus som hans landsmenn bodde i, glade og lykkelige. Da han våknet, trodde han på drømmen og skyndte seg tilbake til nordmennene i Østen for å fortelle dem om landet derute. Det var ikke vanskelig å få en del av dem med vestover, og de bygde da det annet norske settlement[9] i Amerika ved Fox River i Illinois, ikke langt fra byen Ottawa.

Her hadde nordmennene funnet et godt sted, og nyheten om den

---

[1] [aˈmeːrika]. [2] [staˈvaŋŋər] city on southwestern coast of Norway; see a map! [3] en **stat** state. [4] en **ætt** descent, family. [5] [fɔrˈeːnədə] the United States. [6] the prairie. [7] [pioˈneːrtiːd] pioneer period. [8] en **utvandring** emigration. [9] [setləmənt] settlement.

159

gode jord fór over dal og bygd i Norge som ild i tørt gress. Ved
Fox River ble det snart ei stor norsk bygd, hvor folket gjorde det
riktig godt. Men år for år kom det fler fra Norge, og da landet ved Fox River
var tatt, måtte de videre vestover og nordover. Det tok ikke lenge
før de fant fram til Wisconsin. Den første nordmann i Wisconsin
var Ole Nattestad fra Numedal,[10] som tok jord nær Beloit i 1838
og bodde der helt alene vinteren over. Til å begynne med fikk
han ikke sove om natta fordi han lå og hørte på prærieulvene utafor
hytta. Men året etter kom hans bror Ansten med en hel flokk
utvandrere[11] fra Norge; det år ble to settlementer grunnlagt[12] nær
Beloit, de som heter Jefferson Prairie og Luther Valley. Samme
år kom John Nelson Luraas fra Telemark med en del andre til
Muskego, nær Milwaukee, og grunnla der ett av de best kjente
settlementer. Og i 1840 kom de første til Koshkonong, bare noen
mil i sørøst for Madison; det ble ett av de største og rikeste av alle
norske settlementer.

Knut Roe fra Telemark har fortalt om den første tia i Wiscon-
sins skogland: "Dype stier i skogen viste at indianerne[13] hadde sine
veier her; de fór stadig omkring, og mangen gang kom de og snakket
til oss. Av og til drog jeg på jakt med dem, og de var alltid blide
og snille og hjelpsomme. Om høsten bygde jeg ei hytte som vi
bodde i i tredve år. Det vi skulle selle måtte vi kjøre på ei "kub-
berulle"[14] med hjul av tre og okser[15] til å dra. Det var 75 ameri-
kanske mil til Milwaukee, som var den nærmeste byen, og mye av
veien måtte vi hogge oss fram gjennom skogen. Det var skog
overalt her den gang, og det var mer enn nok av fisk og ville dyr."

I settlementet i Muskego ble den første norske kirken i Amerika
bygd i 1843; her kom også den første norske avis i Amerika ut—
Nordlyset,[16] 1847. Her vokste Hans Christian Heg opp, som senere
ble oberst[17] i den amerikanske borgerkrig.[18] Som fører for det

---

[10] valley in east-central Norway; see a map! [11] en **utvandrer**, *pl.* -e emigrant.
[12] **grunnlegge, grunnla, grunnlagt** found, establish. [13] en **indianer** [indi'a:nər]
Indian. [14] a four-wheeled cart with wheels made of whole slabs of wood. [15] en
okse ox. [16] "the Northern Lights." [17] en ['o:bərst] colonel. [18] civil war.

15de Wisconsin-regiment, hvor de fleste av soldatene var nordmenn, gikk han i døden for sitt nye land. I settlementet på Koshkonong vokste Knute Nelson opp; han ble senere en meget kjent senator fra Minnesota. Om femten-tyve år begynte strømmen å flyte ut over statene som lå lenger mot vest. I femtiårene[19] begynte de å bygge seg hjem i Iowa og Minnesota. Omkring 1860 satte de første norske settlere seg ned i Dakota Territory, som det dengang hette, dvs. staten Syd Dakota. Ti år senere begynte de å finne veien til Nord Dakotas prærier.

Det lyder kanskje så lett dette, at de drog fram til det og det sted og grunnla et settlement. Men for sytti-åtti år siden eller mer var det et nytt land. Og reiser vi over prærien idag i store, fine tog, har vi ikke lett for å tenke oss hvor vanskelig det var for de første hvite menn som skulle ta fatt på jorda eller på skogens veldige trær. En av de gamle pionérer forteller om ei reise han gjorde med fire par okser og fire vogner. De skulle videre fra Decorah i Iowa til Dakota-prærien. Været var varmt og veien tørr, med dype hull i, så vognene bare langsomt drog seg framover. Ett sted var veien slik at de måtte sette alle oksene foran hver enkelt vogn, og en av kjørerne ved hvert hjul for å få vognene over. Det var langt mellom hvert sted hvor de kunne finne ved og vann. Når de fant det, måtte de ta med seg alt de kunne klare for at de skulle ha nok når natta kom. Hver aften satte de vognene i en firkant,[20] slapp oksene løs i gresset, og bygde en mur av torv[21] omkring et stort hull. Der gjorde de så opp ild. Når mørket kom, kunne ikke ilden sees av indianerne, som ofte prøvde å stjele nykommernes[22] dyr. Ble det regn, måtte de stanse, for ellers fikk oksene sår på nakken. Derfor gikk ikke turen fort, og det trengtes en bestemt vilje og modige menn.

Ble de alltid lykkelige de første som tok land på Vestens prærier? Å nei, ikke alltid. Men de arbeidde ikke først og fremst for seg selv, men for familiene sine. De forstod at om de ikke selv fikk det bedre, så måtte det engang bli lettere for barna deres i det nye

---

[19] the fifties. [20] square. [21] [torv], -en sod. [22] en **nykommer** recent arrival from Norway, newcomer.

og rike land. Det som kunne bli verst gjennom alle årene var ensomheten. Hvor de kastet blikket, var det flatt, uten fjell og ås, eller så mye som en bakke, bare tykt, stritt gress. I de første årene så de ingen nabo, ikke noe hus, ingen kirker, de var alene, hjelpeløst alene så langt øyet kunne nå. Men de fikk ikke ofte tid til å sitte og tenke på slikt; de måtte bruke tia, og det som reddet dem var arbeidet. Men en del hadde ikke kraft til å tåle det, og det var de ulykkelige blant pionerene. Det fantes nok av begge slags, både de som vant fram og de som gikk under. Den som vil få en dypere forståelse av pionérenes liv bør lese O. E. Rølvaags berømte fortelling *I de dage* og *Riket grunnlegges*,[23] som er oversatt på engelsk under tittelen *Giants in the Earth*.

Etter Arne Kildal

LØST FRA ALT

Nedover gata kom bestemor med lille Olga. Hun gikk saktere idag enn hun pleide, for hun hadde mye å tenke på. Og Olga så litt viktigere ut enn alminnelig. Hun hadde ikke mye å tenke på; men hun forstod at bestemor ikke kunne klare seg uten henne.

Olga var bare ei småjente i ei blå jakke med blanke knapper som dekket omtrent hele jenta. Det var bare et par tynne bein å se nedenfor og en tynn hals ovenfor. Men hun hadde ei riktig tykk rød flette med rødt band på. Ei enda rødere Tam O'Shanter lue satt kokett[1] på toppen av det hele.

Den lille nesen stod beint til værs, og den bitte lille munnen var snurpet[2] sammen. Øynene vandret tankeløst fra det ene til det andre, mens hun litt sur gikk ved siden av bestemor.

Hun var tolk[3] for bestemor, og måtte være med når bestemor gikk i byen. Det var alltid henne,—men så var hun jo også den flinkeste. Idag var bestemor så stille og rar. Hun hørte liksom ikke. Olga hadde vist henne en slem gutt fra skolen, en rød bil, en mann med ett øye,—ikke svar engang. Bestemor kunne da svare. Det var ikke hver bestemor som hadde ei pike som henne til å ta vare på seg.

---

[23] see note 12.
[1] [kokett] coquettish(ly). [2] pursed up. [3] (en) interpreter.

Nesen stod enda mere til værs og munnen snurpet seg sammen så det var bare en liten rund rød flekk under nesen.

Olga stod midt i en barneflokk på fem barn. Hun likte ikke det at alle de andre var enten yngre eller eldre enn henne sjøl. Fikk de yngre søsken lyst på noe som hørte henne til, så måtte hun gi det opp—fordi de var yngre. Når nye klær ble kjøpt, så var det til de eldre søstrene,—sjøl fikk hun de gamle klærne deres å slite på. Dessuten var det jenter altsammen. Hadde hun bare hatt en bror, om han hadde vært aldri så liten. Og nå hadde far sagt at hvis han fikk ei jente til, så ville han drikke seg full og gå ut av kjerka.

Det var et annet menneske i huset som også var misfornøyd, og det var bestemor. De to holdt sammen bestandig. Bestemor hadde lært henne opp til å snakke norsk, og hun hadde lært henne Fadervår[4] og budene[5] og salmevers så hun var like så flink som mor sjøl hadde vært på hennes alder og dessuten var hun i tredje klasse på skolen.

Hun satte sin ære i å være familiens tolk. Når en peddler med riktig vanskelig engelsk kom til døra, så måtte selv mor be henne om hjelp.

— — — — — —

Stakkars bestemor. Hun hadde nok mye å tenke på, og det var ikke underlig at hun ikke svarte på barnets spørsmål. Hun hadde tatt skrittet fullt ut nå,—var løst fra alt. Gråten stod henne tykk i halsen når hun tenkte på dette—at nå var hun løst fra alt. Det siste hun hadde gjort var å drukne den grå katta. Så var da ikke den i veien. Så skulle ikke den drikke op mjølka for barna eller stjele maten fra munnen på dem. Hun hadde vært så glad i den, og da hun sent igår aftes hadde ruslet ned til elva og stukket den i en gammel sekk og lagt en stein i og kastet den ut, så var det som om hun like så godt kunne ha fulgt etter. Ja, nå skulle ikke den stakkars Sina være i veien mer.

Ja, nå skulle hun ikke være i veien mer sjøl heller. De hadde snakket om litt av hvert hun og gamle Mrs. Larson på Almond Avenue da de igår ettermiddag satt og drakk kaffe sammen og

---

[4] the Lord's Prayer. [5] et **bud** commandment.

gråt sammen og spiste doughnuts.   Mrs. Larsons mann arbeidde
på sagbruket[6] sammen med svigersønnen[7] hennes—.   Og nå ville
hun ikke være "huskors"[8] lenger.   Så kunne han slippe å fortelle
den historia mer, om mannen som stakk hodet i ei vassbøtte[9] og
druknet seg fordi han hadde glemt å lukke inn svigermoras[10] katt
om kvelden—.

Og så det at de kalte den siste jenta for "Georgia,"—hun kunne
ikke glemme det.   Gikk og tygget på det og spyttet det ut i alle
mørke kroker,—Jordsia, Sjorsia, Djorsia—var det navn slikt?
Ingen sa Georgia, nei da, det var galt det,—ikke fint nok.   Men
"Jors" og "Sjors"—det var fint det.   Hun mumlet det halvhøyt
for seg sjøl og spyttet.

Og det var ikke fint å lære barna norsk.   De eldste ville ikke
snakke det engang.

Men nå var hun løst fra alt.   I lomma hadde hun adressa på
fattigforstanderen.[11]   Og her i landet var de snille med fattigfolk.
Nå var det bare spørsmål om hun fikk komme inn.   Men hvem
skulle nå tenkt at hun, som var av godt folk i Norge—mannen
hennes hadde jo vært assistent[12] på gassverket[13] i Fredrikshald—
skulle komme på fattighuset.   Og hun som hadde vært så glad i
barna; men nå var hun løst fra alt og hadde gitt seg over i Guds
hånd.   Mrs. Larson hadde også sagt at de var litt snillere med
"bedre" folk.   Ja, hun hadde tatt skrittet fullt ut nå, og med
Guds hjelp—.

"Er du sjuk, bestemor?"

"Nei, jenta mi."

"Ja, men jeg synes du går og gråter litt, jeg.   Her er courthuset,
som vi skulle til.   Vis meg lappen[14] med navnet, da.   Jeg må vel
se lappen.   Jeg kan ikke finne noen når jeg ikke har noen å finne,
vel."

Men bestemor måtte først forklare henne hva hun skulle si.   De

---

[6] et **sagbruk** sawmill.   [7] en **svigersønn** son-in-law.   [8] domestic nuisance, a
'cross.'   [9] pail of water.   [10] ei **svigermor** mother-in-law.   [11] en **fattigforstander**
superintendent of the poorhouse.   [12] en [asistent] assistant.   [13] et **gassverk**
['gassværk] gashouse.   [14] en **lapp** piece of paper.

satte seg på en benk utafor, og bestemor forklarte henne da alt-sammen.

"Og så må du ikke glemme å si at bestemor var av kondisjonerte[15] folk i Norge."

"Kondisjonerte? Jeg kan ikke det ordet på engelsk, bestemor. Det er ikke noen kondisjonerte folk på engelsk. Hva er det for noe da, bestemor? Du må si meg hva det er for noe."

"Det er fine folk, det, jenta mi. Slike som ikke trenger noen,— som er 'bedre' folk, skjønner du."

Olga ga et kast med nakken. Det skulle hun nok klare, når det ikke var noe annet.

— — — — — —

Det var folk på kontoret, og de måtte vente lenge. Fattigfor-standeren ble aldri ferdig. Og bestemor fikk tid til å tenke både på det ene og det andre, og det var bare såvidt hun kunne holde tårene tilbake. Hun var jo liksom løst fra alt nå; men som hun satt der, så hun et hull på Olgas strømper. Hun ønsket hun kunne få stelt med klærne hennes først.—Og hvem skulle nå lese med henne. Det ble vel bare engelsk da, når hun var borte. Men nå hadde hun tatt skrittet helt ut.

Men lille Olga kunne ikke helt få inn i sitt lille runde hode hva meninga med alt dette egentlig var; men bestemor visste det vel sjøl.

Endelig var fattigforstanderen ferdig. Olga sa fram ærendet sitt. Hun stod mellom bestemor og mannen, og den røde fletta svingte fram og tilbake mens hun svarte på spørsmål og oversatte dem. Til bestemor sa hun:

"Han spør om du—"

Men til fattigforstanderen begynte det mere høitidelig:[16]

"She tells me to tell you—"

Bestemor var løst fra alle ting; men nå ønsket hun seg vel heime igjen—eller hos Mrs. Larson på Almond Avenue. Men det var for seint å forandre det nå. Nå måtte det i Guds navn gå som det ville.

---

[15] [kɔndiʃoˈneːrtə] 'quality folk,' gentlefolk. [16] [høiˈtiːdəli] solemn(ly), formal(ly).

Men hva var det?

Olga oversatte ikke mere. Øynene hennes var fulle av tårer og den lille nesen stod beint til værs. Hun var sint og stod og stampet[17] med de små føttene.

"But I tell you she's a fine lady."

"But she is!"

"No, she ain't poor. What d'you take us for?"

"I guess not."

"Bestemor," sa hun gråtende, "han sier at dom[18] har ikke noen plass for å ha kondisjonerte folk på, og så at du ikke er kondisjonert folk,—å[19] skal jeg si te'n,[20] bestemor?"

"Du får si—du får si," snufset[21] bestemor, "jeg har lagt det— i Guds hånd"—

Men Olga ventet ikke til bestemor var helt ferdig. Med et triumferende[22] smil vendte hun seg mot fattigforstanderen:

"She tells me to tell you that you can keep your old poorhouse to yourself,—you—you mean old thing you."

"Kom nå, han blir visst sint," sa hun til bestemor.

— — — — — —

Bestemor og Olga var på veien hjem. Hun gikk fortere nå, den gamle. Det var mange ting som hun husket på at hun skulle gjøre. Og Marte hadde vel hatt mye å gjøre, stakkar,—alene med barna, og her hadde hun kastet vekk nesten hele ettermiddagen.

"Bestemor!"

"Ja!"

"Du lovte meg fem cent[23] til gum,[24] du."

"Ja, det var riktig sant. Her har du ti cent. Kjøp deg nå noe riktig god gum."

Olga var inne på en butikk og fikk gum. To stykker stakk hun i munnen på engang og tygget og tenkte på den mannen som ville ha bestemor. Han ble visst sint også. The idea.

[17] **stampe, -t** stamp. [18] dialect form of **dem,** used as subject instead of **de** 'they.' [19] dialect form of **hva.** [20] **te'n** spoken form of **til ham.** [21] **snufse, -t** sniffle. [22] [trium'fe:rənə] triumphant. [23] en **cent,** *pl.* **cent** (the English word). [24] the English word; in Norway it is called **tyggegummi.**

Det var dette "kondisjonerte" med bestemor som var skyld i altsammen, trodde hun.

Hadde det ikke vært for det, så skulle hun nok ha greidd det med mannen.

Og bestemor, som var løst fra alt, tenkte på hvor dum hun hadde vært som ikke hadde ventet med katta til etter hun hadde vært hos fattigforstanderen.

— — — — — —

Men dagen etter så var også katta kommet tilbake. Den så litt redd og mistenksom[25] ut; men det var virkelig Sina. Og bestemor satt og gråt og klappet den og takket Gud fordi han lot henne ha alt det som hun hadde vært løst fra. Og selv den lille nydøpte[26] jenta med det gale navnet skrek og ville til henne.

Men mellom henne og Olga var det en avtale[27] ikke å si noe om turen. De syntes begge at de hadde vært dumme, og slikt bør man ikke si noe om enten man er ung eller gammel.

Waldemar Ager

TO TOMME HENDER

Det var engang en gutt som drog til Amerika. Han hadde strevd så hardt for å komme avsted; men da han stod ferdig til å gå ombord i båten, ble hjertet så tungt. Han tålte ikke å se på mors tårevåte ansikt; han visste at da ville han selv gråte. Han så farens bøyede rygg da han hjalp med kofferten. Han så brødrene og søstrene sine stå der på rad—alle de som han holdt av, helt ned til den minste, som var så morsom og ingenting forstod. Han så vennene sine fra barndommen stå der i flokk—dem han hadde gått på skolen sammen med, og som han aldri, aldri ville kunne glemme.

Og der lå huset, lite og fattig, oppe under bakken; men det var sol over det. Han mintes alt som var derinne. Han så fjellet på den andre siden, det som øynene hans hadde hvilt på så ofte mens han var liten. Tusen ganger hadde han sett sola stige over disse bergene.

Men selv mens han gikk og sørget, var han også glad.

[25] suspicious. [26] **nydøpt** newly baptized. [27] agreement.

"Jeg kommer igjen!" sang det inni ham. "Bare noen få år, så kommer jeg igjen."

Han skulle vise dem derborte at han kunne arbeide; han skulle tjene penger, han skulle komme heim som andre var kommet heim, med fine klær og med mange penger i lomma.—Han tok liksom mål av bygda.—Han skulle bygge et stort og gildt hus. Da skulle mor få det godt og far slippe å slite; de små skulle få gå på skole, og han selv gå med løftet hode til kirken en søndagsmorgen, og alt folk skulle se på ham.

Han tok også mål av seg selv, og de store nevene knyttet seg i lommene. Han skulle vise dem derborte at det var ingen som han. Og så skulle han komme heim!

Da han kom lenger bort fra heimen, steg fedrelandet[1] fram for ham. Han følte sitt bryst svulme[2] ved tanken på at han var nordmann og hadde et land som Norge. Aldri skulle han glemme landet sitt som så mange andre. Der var alt som han holdt av,—ja, det var som om Gud selv bodde blant disse høye fjell. Slik hadde han følt det når han så sola stå opp en vakker vårmorgen, eller når kirkeklokkene ringte i søndagsfredens merkelige stillhet. Og han rakte hendene ut mot det land som forsvant og han gledet seg som et barn:

"Jeg kommer igjen;—min sjel er tilbake mellom disse bergene, og hvordan kan en mann klare seg uten sjel?"

— — — — — —

Han viste dem derborte. Aldri så man en som hadde mere vilje til å arbeide. Men om kveldene skrev han brev, og brevene sa alltid det samme: "Jeg kommer igjen!"

Gutten hadde blitt mann og hadde en stor åker å pløye. Men når han pløyde, så var han i tankene på veien heim. Tusener skulle høsten bringe, og tusener brakte høsten. Men det var alltid noe som skulle gjøres før han kunne reise. Om våren sa han:

"Jeg reiser til høsten!" Men om høsten sa han:

"Jeg reiser til våren." Når høsten kom, kjøpte han en ny åker, og når våren kom, så måtte den pløyes.

Årene gikk. Så kom det et brev som fortalte:

---

[1] et **fedreland** ancestral land.　[2] -t swell.

"Din far er død." Da sørget han dypt; for han husket farens bøyede rygg som ikke ble rett, og han satte seg ned med en gang og skrev:

"Jeg kommer snart heim."

Han solte åkrene sine, men ikke for å reise heim. Han kjøpte en butikk inne i byen. Han ønsket seg en heim, og han ble gift med ei pike som han var glad i. Han bygde et stort hus; men det var ikke hvor han hadde tenkt å bygge det.

Igjen kom det brev, som meldte: "Din gamle mor er død."

"Jeg vil reise heim," tenkte han; men han reiste ikke. Alltid kom det noe i veien. Da han ikke lenger hadde åkrene sine å pløye, så måtte han ta vare på butikken sin. Allikevel hadde han vært med å bygge en norsk kirke med et stort tårn; men klokka lød ikke riktig slik som den skulle. Jo mer han arbeidde for å komme fri, jo mer ble han bundet.

Og—årene gikk.

Årene gikk fort, og dagene var forferdelig korte. En dag forstod han at han var gammel og ikke kunne tale intelligent[3] med sine voksne barn. Han kunne snakke med sønnene om forretninger,[4] for det forstod han; og han kunne snakke med døtrene sine om utgifter,[5]—for det forstod han også; men ellers levde de hver i sin egen verden. Det som de unge brydde seg om, var fremmed for ham; og det som han brydde seg om, var fremmed for dem. Kona hans kunne ikke få ham fin nok, og døtrene hans skammet seg over de store hendene og de dårlige manérene[6] hans. De ble røde når han snakket norsk til dem så andre folk kunne høre det, og kona ble så sint at hun gråt når han glemte seg og snakket om den fattige stua der heime, hvor han hadde sett sola stige over høye fjell fra dens eneste vindu.

Og årene rullet hen. Hans kone var død for lenge siden, og sønnene var gamle menn som snakket lavt og gikk stille gjennom de store værelsene. Ei ny slekt hadde vokst opp med nye, fremmede navn; den sang nye sanger, og dens latter lød fjernt for den gamle som satt på værelset sitt og ventet på døden som ikke kom.

---

[3] [inteligent] intelligent. [4] en **forretning** [fɔr'retniŋ] business. [5] en **utgift** expense. [6] **manérer** [ma'ne:rər] manners.

Igjen kom det brev fra heime. Det var fra hans yngste bror, som nå var den eneste tilbake av familien. Brevet lå ulest på bordet; for han var nesten blind, og det var ingen i det store huset som kunne lese det. Men han visste at det var brorens siste farvel. Med de svake øynene kunne han se brevet som en lys flekk på det mørke bordet. Men den lyse flekken vokste og vokste og ble til en hel fjord i lys—i morgenlys. En liten gutt stod på kne i vinduet og så sola stige over alle åser og legge gull over alle hus og alle trær—med det vakreste lys. Og han så farens rygg som ikke var bøyd lenger, og mors ansikt som ikke bar tårer mer; og da ropte han av glede, for lykka som var blitt hans var så altfor stor:

"Jeg kommer heim!" sa han til seg sjøl. Og han lo og sa: "Jeg kommer heim. Jeg vil heim etter høsten, jeg vil heim til jul, jeg vil heim til våren—jeg vil heim og bygge et stort hus og høre kirkeklokkene en søndagsmorgen, og plukke blomster på vei til kirken." Og han rakte ut de store, tomme, tynne hendene og ropte: "Jeg kommer heim, for jeg er norsk!" Og han snakket glad med seg selv: "Jeg har hatt det så travelt; men nå har jeg det ikke travelt; nå kommer jeg heim."

Men ved hans seng står flere unge frøkener i fine aftenkjoler; de ser på hverandre med spørrende blikk og sier: "What is he saying?"

Så nikker de forstående til hverandre: Var det ikke for galt om han skulle dø i aften mens de har selskap, det ville jo være en skandale![7]

Den gamles døende øyne ser ikke dette; de er fulle av tårer som rant av glede: nå ser han igjen sola stå opp fra det ene fattige vindu i ei stue som lenge har vært borte og med øyne hvor lyset lenge har vært slokt.

Avisene i byen brakte bilde av ham, og han ble nevnt som et lysende eksempel på hva en mann kan bli ved hardt og trofast[8] arbeid gjennom et langt liv.

Han hadde begynt med to tomme hender.

Waldemar Ager

---

[7] [skan"daːlə] scandal.   [8] faithful.

VOCABULARY

The new spelling. In the text and vocabulary of this book some of the more important forms of the spelling of 1938 have been adopted. These can be divided into (a) mere orthographic changes, which do not affect the pronunciation; (b) grammatical changes; (c) popular and dialect forms which have received official approval. The first have been adopted throughout. Many of the rest are still optional and have only been sparingly adopted; no consistency has been sought on this point, and the forms are allowed to vary according to context. The old forms are used in connection with city people and city life, the popular forms in connection with country life.

I. Changes which do not affect the pronunciation (adopted throughout)

deg (dig) you; **meg** (mig) me; **seg** (sig) self
rom (rum) room; **slokke** (slukke) put out; **slokne** (slukne) go out
opp (op) up; **nettopp** (nettop) just, exactly
kle (klæ) clothe; **forkle** (forklæ) apron
brakt, brakte (bragt, bragte) brought
øy for øi in all words (**høy, øyne,** etc.)
osv. (o.s.v.) etc. **dvs.** (d.v.s.) i.e.
Silent d's omitted: **hva** (hvad) what; **stri** (strid) stubborn; **blant** (blandt) among; **snill** (snild) kind; **tenne** (tende) light; **unna** (unda) away; **grann** (grand) bit; **kunne** (kunde) could; **skulle** (skulde) should; **ville** (vilde) would; **misunnelse** (misundelse) envy; **alminnelig** (almindelig) common; **unnskylde** (undskylde) excuse; **annerledes** (anderledes) otherwise.
Other silent consonants omitted: **ble** (blev) became; **ga** (gav) gave; **selle** (selge) sell; **bilde** (billede) picture.

II. Grammatical changes (adopted in part)

The use of **ei** "a" and the ending **-a** "the" with certain nouns known as "feminine nouns" has now been legalized. For some of these words the use of feminine endings is required; for others it may be used alternatively with the more old-fashioned **-en**. See *Beginning Norwegian*, Rules 1 and 7. There are also special forms of the possessive adjectives for these nouns: **mi** (min), **di** (din), **si** (sin). Examples: **ei stue** a cottage, **stua mi** my cottage, **ei ku** a cow, **kua di** your cow, **døra** the door. Words which should or can have the feminine endings are listed in the vocabulary with **ei** before them.

The plural of these words remains unchanged: **stuer, stuene; kuer, kuene; dører, dørene.**
The use of **-a** (the) in the plural of **et-**words (as in **barna** the children) and of **-a** in the past of weak verbs instead of **-et** (**kasta** threw) is now permitted, but only **barna** and **beina** have been adopted in this book.

III. Popular and dialect forms now required or recommended

1. Adopted throughout this book: **bru** (bro) bridge; **etter** (efter) after; **farge** (farve) color; **fram** (frem) forward; **gjennom** (gjennem) through; **golv** (gulv) floor; **graut** (grøt) porridge; **hage** (have) garden; **hard** (hård) hard; **hogge** (hugge) chop; **innafor** (innenfor) inside; **kald** (kold) cold; **mellom** (mellem) between; **nå** (nu) now; **røyk(e)** (røke) smoke; **sju** (syv) seven; **skip** (skib) ship; **snø** (sne) snow; **språk** (sprog) language; **stein** (sten) stone; **tjue** (tyve) twenty; **utafor** (utenfor) outside

2. Adopted only in appropriate contexts: **band** (bånd) band; **bein** (ben) leg, bone; **bjørk** (bjerk) birch; **feit** (fet) fat; **hand** (hånd) hand; **heil** (hel) whole; **heim** (hjem) home; **mjølk** (melk) milk; **sjøl** (selv) self; **tjukk** (tykk) thick

Arrangement of the vocabulary. This vocabulary contains all the basic words learned in *Beginning Norwegian*, with additional idioms and combinations occurring in this book. It also contains those new words occurring in this book which were sufficiently important to require them to be learned by the beginner. The rest are explained in footnotes to the text. The vocabulary is therefore a minimum list, and should be frequently reviewed by the student.

All pronunciations and grammatical forms that vary in any way from the normal are given in full. The phonetic alphabet used is the following adaptation (used also in *Beginning Norwegian*) of the International Phonetic Alphabet.

PHONETIC SYMBOL	APPROXIMATE PRONUNCIATION	PHONETIC SYMBOL	APPROXIMATE PRONUNCIATION
a	*a* in *father*	ŋ	*ng* in *sing*
b	*b* in *baby*	o	*o* in *note*
ç	Ger. *ch* in *ich*, Norw. *kj*	p	*p* in *pair*
d	*d* in *done*	r	Italian *r* (tongue trilled)
e	when long it is like Ger. *e* in *lesen*, Fr. *é* in *été;*	s	*s* in *sing*
		ʃ	*sh* in *shall*

	when short like English *e* in *let*	t	*t* in *talk*
		u	*u* in *rude*
f	*f* in *father*	v	*v* in *vest*
g	*g* in *go*	y	Ger. *ü*, Fr. *u*
h	*h* in *head*	æ	*a* in *hat*
i	*i* in *machine*, or *i* in *sit*	ø	Ger. *ö*, Fr. *eu*
j	*y* in *yes*	ɔ	between the *o* of *horse*
k	*k* in *king*		and the *o* of *so;* Norw.
l	*l* in *listen*		*å*
m	*m* in *mother*	ə	*e* in *rated* or *a* in *senate*,
n	*n* in *now*		Ger. *e* in *Gabe*

In words of more than one syllable the vowel bearing the chief stress is printed in boldface, e.g. [**kast**ə]. Unless otherwise marked, words with stress on the first syllable have compound tone, on the last simple tone. Any departure from this rule is indicated by accent marks before the stressed syllable: ' indicates simple, " compound tone.

Long vowels are marked by a colon following the vowel; long consonants are written double.

An asterisk before a word means that it occurs in this book, but not in *Beginning Norwegian;* the asterisk marks it for special drill.

*absolutt [apsolutt] absolutely
*adjø [adjø:] good-by
*en adresse [a'dressə] address
en aften evening; igår aftes yesterday evening
en aftenbønn (aften + bønn) evening prayer
en aftenkjole (aften + kjole) evening gown
*aftens (en) supper
akkurat [akura:t] exactly, just
*en albue elbow
aldeles [al'de:ləs] quite, entirely, absolutely, utterly
*en alder, *pl.* aldrer age, old age; i sin beste alder in one's best years
aldri never; aldri så no matter how, however
alene [a"le:nə] alone
all, alt, alle all

*aller (*with superlatives*) the very
*allerede [allə"re:də] already
allesammen all of (us, you, them)
allesteds everywhere
allikevel [al"li:kəvel] anyway, nevertheless, even so, still, after all
alltid ['allti] always, all the time
*allting everything
alminnelig [al'minnəli] common, general, ordinary, usual, universal
alt everything, all; alt... no matter how
alt already
altfor ['altfor] too, far too
altsammen everything
altså ['altsɔ] hence, accordingly, so, consequently
*et alvor [allvɔ:r] seriousness; for alvor for good, in earnest

alvorlig [al'vɔ:rli] serious
amerikansk [amərika:nsk] American
*ei and, *pl.* ender duck
andre *see* annen
*ane, ante suspect, have an idea
*en anelse suspicion, idea, notion (*from* ane)
*angre, -t regret
*en angst fear, anxiety, terror
*angst frightened
annen [a:ən], *fem.* anna, *neut.* annet, *pl.* andre other, second
*annerledes different
et ansikt face
et arbeid [arbei] work, labor
arbeide, -t work, labor
arbeidsdag (arbeid + dag) working day
arbeidskar (arbeid + kar) workingman, hired man
en arm arm
en armstol armchair
at *conj.* that
atten eighteen
au *interj.* ouch
av *prep.* of, off, by, from; av og til off and on, now and then
en avis [avi:s] newspaper
avsted [avste:] off, away, along
bad *see* be
*bade, -t bathe
et badehus bathhouse
bak back of, behind
*bakafor behind
et bakbein (-ben) hind leg
*baketter afterwards, behind
en bakke hill, ground
*bakover ['ba:kɔvər] back, backwards
*bakpå behind
*en ball ball
et band *see* bånd
bandt *see* binde
banke, -t beat, knock, tap
*bar bare; på bare strømpene in his stocking feet
bar *see* bære

bare *adv.* only, just; bare... if only...
et barn, *pl.* barn, *def.* barna child
*en barndom childhood
en barneflokk flock of children, brothers and sisters
en barnelatter children's laughter
en barnestemme = barn + stemme
ei barnevogn baby buggy
*barnløs (barn + -løs) childless
be, bad [ba:], bedt [bett] ask, request, pray, beg, invite
bedre ['be:drə] better
*bedrøvet [be'drø:vət] sad
*befale [be'fa:lə], befalte order, command
begge both; begge to both (of them)
begynne [be'jynnə], begynte begin
*en begynnelse [be'jynnəlsə] beginning
*beholde, beholdt [be'hɔllə] keep
et bein, *pl. def.* -a (also ben, -a) (I) leg. (II) bone
en bekk brook
*et belte belt
et ben *see* bein
ben, *adv.* bent (also bein) straight
en benk bench, seat
et berg rock, cliff, mountain
*berge [bærgə], -t save, rescue; berge inn høyet get the hay safely into the barn
*berømt [berømt] famous
best best
bestandig [be'standi] always, continually
en bestefar grandfather
bestemme, bestemte decide; bestemme seg decide, make up one's mind
ei bestemor grandmother
*bestemt *adj. or adv.* [bestemt] decided(ly), firm(ly), certain, determined
*et besøk [besø:k] visit
*besøke [be'sø:kə], besøkte visit
bet *see* bite

betale [be'taːlə], betalte pay
bety [betyː], -dde mean, signify
*beundre [be'undrə], -t admire
*en beundring [be'undriŋ] admiration
*en bil car, automobile
et bilde (billede) picture, image
*en billett [bilett] ticket
binde, bandt, bundet bind, tie
*en bit bite, bit
bite, bet, bitt bite
*bitte (liten) tiny; little bit
en bjørn bear
et blad [blaː,blaːd] leaf; newspaper
*blande, -t mix; b- seg i put an
   oar into, stick one's nose into
blank bright, shiny, sleek
blant among
ble see bli
*blek (bleik) pale
bli, ble, blitt (I) become, get, grow
   (to be), turn; bli av happen to,
   become of; bli borte vanish, dis-
   appear. (II) stay, remain; bli
   igjen stay behind; bli med be
   sufficient with, stop with. (III)
   be (passive auxiliary)
blid [bliː], blidt [blitt], blide
   [bliːə] good-humored, pleasant,
   gentle
*et blikk look
blind [blinn] blind
blinke, -t blink, gleam
*blod [bloː], -et blood
en blomst [blɔmst] flower, blossom
*blomstre, -t blossom, bloom
*en blyant ['blyːant] pencil
*blø, -dde, -dd bleed
bløt soft
blå, blått, pl. blå blue
blåse, blåste blow
blåøyet = blå + øye + -et
bo, bodde, bodd dwell, live, reside
ei bok, def. -a, pl. bøker book
*en bokstav [bokstaːv] letter (of al-
   phabet)
en bonde [bonnə], bønder ['bønnər]
   farmer, peasant, countryman
en bondegutt country boy

ei bondejente country girl
bondelandet the farming country
et bord [boːr] table
bort over, away (motion)
borte away, over (place)
*borti over in
bortover ['bortɔːvər] across, over,
   along
bra, neut. bra good, well, worthy;
   ha det bra be comfortable, be
   well off
brakt, brakte see bringe
*en brann fire
brant see brenne
brast see briste
bratt steep
bred [breː] (also brei) broad,
   wide
brei see bred
brenne, brant (or brente), brent
   burn
*et brett tray
et brev letter
briller pl. glasses
bringe, brakte, brakt bring
*briste, brast, bristet break, burst
en bror, pl. brødre brother
et brorbarn brother's child
*ei bru, -a (formerly en bro, broen)
   bridge
*en brud (or ei brur) bride
bruke, brukte use
*brun brown
*brutt see bryte
bry seg care, bother
*ei brygge, def. brygga dock
*et bryllup wedding
*et bryst chest
*bryte, brøt, brutt break; det
   bryter ut people exclaim
*et brød [brøː] bread
*brøle, brølte, brølt roar
*brøt see bryte
*et bud message
budt see by
*en bukk [bokk] billy goat
*bukke [bokkə], -t bow
et bukkeskinn = bukk + skinn

*ei **bukse** [boksə] (pair of) pants, trousers
et **bukseben** trouser leg
bundet *see* **binde**
en **bunn** bottom
burde *see* **bør**
en **busk** bush
*en **butikk** [butikk] store
en **by** city, town
by, bød [bø:], **budt** [butt] (I) offer, bid, order. (II) *invite, ask; **by til gilde** invite to a feast; **by fremmede på** ask company on
ei **bygd** country district, community
en **bygdevei** country road
bygge, -t (*or* **bygde**) build, construct
en **bygutt** = **by** + **gutt**
*bytte, -t** trade, change
bære, bar, båret (I) bear, carry endure, wear (clothes), bear (young). (II) **det bærer** (**avsted, i vei, nedover**) start off, go, proceed; *the subject is implied and should be included in translation:* they *or* he, *etc.*, start *or* sail *or* fly off
bød *see* **by** *verb*
*en **bølge** wave, billow
et **bølgeberg** wave like a mountain
en **bølgerygg** back of a wave
en **bølgetopp** crest of the wave
*en **bønn** prayer, request
bør, burde ought, should
*ei **bøtte,** *def.* **bøtta** pail
bøye, bøyde, bøyd bend, bow
både... og *conj.* both ... and
et **bånd** [bɔnn] band, ribbon, tie, bond
båret *see* **bære**
en **båt** boat, ship
en **båtbunn** = **båt** + **bunn**
en **båtkant** = **båt** + **kant**
da *conj.* when, as, since
da *adv.* (I) then. (II) (*unaccented*) surely; (*at end of clause*) wonder, impatience
en **dag** day
*daglig** daily

dagslys, -et daylight
en **dagsreise** day's journey
en **dal** valley
*en **daler,** *pl.* — dollar (*monetary unit used in Norway before 1875; value 4 kroner, or about one American dollar*)
*en (ei) **dame** lady
*en **dampbåt** steamboat, steamship
en **dans** dance
danse, -t dance
en **dansemusikk** [dansəmusikk] dance music
ei **datter,** *pl.* **døtre** daughter
de [di], **dem** *pron.* they
De [di], **Dem** *pron.* you (*polite*)
deg [dei] *see* **du**
*deilig** lovely
*et **dekk** deck
*dekke, -t** (I) cover. (II) set (*a table*)
en **del** part, share, portion
*dele, delte, delt** divide, share; **dele seg** separate, scatter
dem, Dem *see* **de, De**
den, det [de:] *pers. pron.* it
den, det, de *dem. pron.* that, those
den, det, de *art.* the (*with adjective*)
dengang ['dengaŋŋ] then, at that time, when
denne, dette, disse this, these
der [dæ:r] *adv.* there, (*in relative clause*) where
derborte [dær''bortə] over there
dere, dere, deres you (*pl.*)
deretter (**der** + **etter**) then, after that
derfor ['dærfɔr] therefore
*derinne** [dær''innə] in there
dermed ['dærme:] thereupon, with that, at this
*derned** [dærne:] down there
*dernede** down there
*derute** [dær''u:tə] out there
*dessuten** [de'su:tn] besides
det [de:] *neut.* that, the, it; *see* **den; det er** there is (are); **det vil si** (*abbrev.* **dvs.**) that is (i.e.)

dette *neut.* this; *see* denne

di *feminine form of* din (*with ei-nouns*)

diger ['di:gər] big, huge, burly

*et dikt poem

din, *fem.* di, *neut.* ditt, *pl.* dine your

dit to that place, thither, there

dobbelt ['dɔbbəlt] twice, double

*en doktor ['dɔktor] doctor (*the form* doktern *represents a common folk pronunciation*)

doktorgården (doktor + gård) the doctor's residence

doven [dɔ:vən] lazy, idle

dra, drog, dratt (I) pull, draw, drag. (II) go, move, travel; dra avsted start off

drakk *see* drikke

*drepe, drepte kill

drev *see* drive

en drikk drink

drikke, drakk, drukket [drokkət] drink

*drive, drev, drevet (I) drive, push, swing. (II) carry on, be busy (with)

drog *see* dra

*en (ei) dronning queen

drukket *see* drikke

*drukne [droknə] -t drown

dryppe, -t drip

*en drøm dream; i drømme in (my) dream

drømme, drømte dream

*en dråpe drop

du deg you (*familiar*); du store min goodness me

*dukke, -t bob, dive, duck; dukke opp appear

*en dukke (*also* ei dokke) doll

dum [domm] stupid, foolish (-het -ness)

*dvs. *abbrev. for* det vil si that is (i.e.)

dyp deep

*dyppe, -t dip

dyr *adj.* expensive, precious

et dyr animal

*dyrke, -t cultivate

dø, -de die

død [dø:] *adj.* dead

en død [dø:d] death

*dømme, dømte condemn

ei dør door

en (ei) døråpning = dør + åpne + -ing

dårlig [dɔ:rli] poor, bad (*quality*) ill (*health*)

efter *see* etter

egen, eget, egne [e:gnə] own, proper, peculiar

*egentlig ['e:gəntli] really, to tell the truth

et egg egg

ei *indef. art.* a, an (*form used with feminine nouns; see introduction to vocabulary*)

eie, eide, eid own

*ekkel ['ekkɔl], ekkelt, ekle loathsome, nasty, unpleasant, tiresome, mean (*a word much used by children to express their distaste*)

*et eksempel [ek'sempəl] example

eldre ['eldrə] older

eldst [elst] oldest

eller or

ellers otherwise, else; *ellers takk thanks just the same

*elske, -t love; den elskede the beloved (*see* B N, *Rule* 66)

ei elv river

en, ei, et *indef. art.* a, an

én, ei, ett, ene *pron. and num.* one; med ett suddenly

enda *adv.* even, still, at that; *conj.* although

en ende [ennə] end

endelig [endəli] (I) final(ly), at last. (II) by all means, absolutely; *vil endelig insists upon

eneste only, single

engang ['e:ngaŋŋ, engaŋŋ] once, one time, some time; ikke engang not even

*engelsk English

*enhver [envæ:r] each and every one

*enig agreed
enn than; enn om what if
*ennå (also ennu) yet, still
*ensom [e:nsɔm], -t, -me lonely
*ensomhet, -en loneliness
enten... eller either... or (whether
... or)
*et eple apple
er [æ:r] is, are; see være
*erfaren [ær'fa:rən] experienced;
-t with an air of experience
et neut. a; see en
ete, åt, ett eat (spise preferred for
human beings)
ett: med ett suddenly
etter (also efter) after, behind,
along, according to
en ettermiddag afternoon
*etterpå afterwards
*ettersom as
et eventyr, pl. eventyr (I) fairy tale.
(II) adventure
falle, falt, falt fall
*en familie [fa'mi:liə] family
*et fang lap
fant see finne
*en fant tramp
*fantasi, -en [fantasi:] imagina-
tion, fancy
en far father
en fare danger, risk
fare, fór, faret go, travel; rush,
dart; fare med fool around with
en farge (also farve) color
farlig [fa:rli] dangerous
en fart speed
en farve see farge
*farvel [farvell] good-by
fast firm, fast, fixed; stå fast get
stuck, be stumped
*et fat dish
fatt hold (only in the phrases få
fatt, ta fatt)
fattig [fatti] poor
fattigfolk = fattig + folk
et fattighus poorhouse, county farm
en feil error, mistake, defect; ta feil be
mistaken, make a mistake

*feit (also fet) fat
fem [femm] five
femti fifty
ferdig [fæ:ri, færdi] through, done;
ready
*en fest party, festivities
*en fiende enemy
fikk see få
*ei fille, def. filla rag
*fillete ragged
fin fine, elegant, delicate
en finger ['fiŋŋər] finger
finne, fant, funnet find; finne frem
find one's way; finne på think up,
hit upon; det fins there is, exists
fire four
en fisk fish
fiske, -t fish
*et fiske fishing
fiskeplass = fiske + plass
en fisker, pl. -e, def. -ne fisherman
en fiskerbåt = fisker + båt
et fjell mountain
fjerde [fjæ:rə] fourth
*fjern [fjæ:rn] distant, far
en fjord [fjo:r] fjord, inlet, bay
fjorten fourteen
*ei fjær, def. -a feather
*fjære, def. fjæra (I) ebb tide. (II)
beach (covered at high tide)
fjæresteiner stones on the beach
et fjøs cow barn
ei fjøsdør = fjøs + dør
et fjøsgulv = fjøs + gulv
et fjøstak = fjøs + tak
*flagre, -t flutter, fly
flat flat
*flau embarrassed, feeling foolish
en flekk spot, speck
fler(-e) more, several, various
flest most, greatest number
*flette, -t braid
*ei flette braid, pigtail
flink diligent, quick, smart, clever,
able
en flokk [flɔkk] flock, herd, pack,
bunch
ei flue fly

fly (flyve), fløy, fløyet fly, dash,
hurry
*flykte, -t flee
*flyte, fløt, flytt (I) float.   (II) flow
flytte, -t move
flyve *see* fly
fløt *see* flyte
fløy, fløyet *see* fly
*folde, -t fold
et folk [folk] people
for [for] *prep.* for; for å in order to;
for at so that, in order that; for en
(stor) what a (big)
for [for] *conj.* for, because
for [for] *adv.* too; for galt too bad
fór *see* fare
foran ['forran] before, in front of
(*place*)
*forandre[for'andrə], -t change
*forbause [for'bæuse], -t surprise,
astonish
*en forbauselse [for'bæusəlsə] aston-
ishment
et forbein foreleg
forbi [forbi:] past, over, by
forbudt *see* forby
*forby [forby:], forbød, forbudt
forbid
fordi [fordi:] *conj.* because
*foreldre [for'eldrə] parents
*foreslå [fo:rəslo:], foreslo, fore-
slått suggest, propose
forferdelig [for'færdəli] awful(ly),
terrible, frightful
*forklare [for'kla:rə], forklarte ex-
plain
*en forklaring [for'kla:riŋ] explanation
*forlate [for'la:tə], forlot, forlatt
leave; forlatt deserted
*en form form; formality; shape
en formiddag [formidda] forenoon
en formiddagstur = formiddag + tur
*fornøyd [fornøyd] satisfied,
pleased
*forresten [for'restn] for that mat-
ter, as far as that is concerned,
however
forsiktig [for'ʃikti] careful

*en forskjell [forʃell] difference
forskjellig [for'ʃelli] different
*forskrekket [for'ʃkrekket] terri-
fied, alarmed, frightened
*forstyrre [for'ʃtyrrə], -t disturb
forstå [forʃto:], forstod, forstått
understand
en forståelse [for'ʃto:əlsə] understand-
ing
forsvinne [for'ʃvinnə], forsvant,
forsvunnet disappear, vanish
*forsøke [for'ʃø:kə], forsøkte try
fort fast, quickly
fortelle [for'tellə], fortalte, fortalt
tell, narrate
en fortelling [for'telliŋ] story
fortsette ['fortsettə], fortsatte,
fortsatt continue
*forundret [for'undrət] surprised
*en foss [foss] waterfall
en fot, *pl.* føtter foot
en fotball football
fra from
*en frakk coat
fram (frem) forward, forth, on; *cf.*
komme fram, nå fram; fram og
tilbake back and forth
*framover ['frammover] (frem-
over) forward, ahead
*fransk French
en fred [fre:d] peace; hold fred [fre:]
keep still, shut up
*en fredag ['fre:da] Friday
*fredelig peaceful
frem *see* fram
en fremmed stranger, foreigner; *pl.*
fremmede "company"
*fri, fridde, fridd seek a wife, pro-
pose
fri, fritt, frie free
frisk healthy, well, fresh
*en frokost ['fro:kost] breakfast
frokostbord = frokost + bord
*frossen [frossən] chilly, frozen
frosset *see* fryse
*en (ei) frue lady, married woman,
wife; fru Mrs.
*fryktelig awful(ly), terrible(-bly)

fryse, frøs, frosset [frɔsset] freeze
*en (ei) frøken miss, young lady, spinster (abbrev. frk.)
frøs see fryse
en fugl [fuːl] bird
fulgt, -e see følge
full full; ikke fullt not quite
funnet see finne
fy skamme dig shame on you
*fyke, føk, føket fly (especially about loose objects like sand, snow, etc.)
fylle, fylte fill
fæl [feːl] horrible, awful, disgusting
født [føtt] born
føk, føket see fyke
*føle, følte, følt feel
en følelse feeling
følge [føllə], fulgte [fultə], fulgt follow; accompany; følge med go along
*et følge [føllə] company, retinue
før before (in time), formerly; ikke før no sooner
*føre, førte, ført [føːrt] lead, bring
*en fører, -e leader
først first; da først not before then; først og fremst first and foremost
førstefødt = først + født
få few
få, fikk, fått (I) get, receive. (II) will have to, had better; få øye på catch sight of
gal mad, crazy
galt [gaːlt] bad, wrong, improper, incorrect; for galt too bad
gammel, -t, gamle old, ancient
*gammeldags old-fashioned
en gang (I) time (= occasion); med én gang at once; gang på gang time after time. (II) walk, gait, motion; i gang in motion, under way; i full gang in full activity. *(III) hall; på gangen in the hall
ganske quite, wholly, fairly
ei gate street
ei gatedør = gate + dør

et gatehjørne (gate + hjørne) street corner
*en gave gift
*ei geit [jeit] (also gjet), -a goat
gi [jiː], ga [gaː], gitt [jitt] give; gi seg give in
gift [jift] married
*gifte seg, -t get married
gikk see gå
*gild [jill] splendid, excellent, fine, elegant
gjemme [jemmə], gjemte hide, conceal, save
gjennom ['jennɔm] prep. through
*gjenta ['jenntaː] gjentok, gjentatt repeat
*gjentok see gjenta
et gjerde [jæːrə] fence
gjerne [jæːrnə] willingly; generally, commonly; vil gjerne would like to
gjess see gås
*en gjest guest
*et gjestebud [jestəbuː], pl. — party, banquet, feast
gjette [jettə] -t guess
gjorde see gjøre
gjøre [jøːrə], gjorde [joːrə], gjort [jort] do, make; gjøre godt do good, satisfy, have a good effect; gjøre vondt hurt
glad [glaː], neut. glad, pl. glade happy, cheerful, glad; glad i fond of
*et glass glass
ei glassdør = glass + dør
gled see gli
*glede, -t please, delight; glede seg look forward (to), rejoice, enjoy oneself
*en (ei) glede joy
*gledelig joyous, merry
glemme, glemte forget
gli, gled [gleː], glidd glide, slip, slide
*gni, gned [gneː], gnidd rub
god [goː], godt [gɔtt] good, well; godt well; ha godt av do (one) good; gjøre godt do good

goddag [goda:g] hello, how do you do

godhjertet (god + hjerte) good-hearted

godværsdag (god + vær + dag) day with fair weather

et golv (also gulv) floor

et golvteppe rug

et grann particle, bit

*graut (grøt), -en porridge, (cooked) cereal

et grautfat (graut + fat) dish of porridge

ei grav grave

grave, grov or gravde, gravd dig

grei easy, clear, straightforward, plain

greie, greidde, greidd manage, arrange, disentangle; g- seg get along

*greie: få greie på find out about; ha greie på know, be informed about

ei gren (also grein) branch

grep see gripe

gress (also gras), def. -et grass

*ei grind gate

*gripe, grep, grepet seize, grab, grasp; gripe inn interfere

en gris pig, hog

et grisehus (gris + hus) pigsty

*gro, grodde grow

en grunn (I) ground(s); i grunnen in reality. (II) reason, cause; på grunn av on account of

*ei gryte, def. gryta kettle

grønn, grønt green

grøt see graut

grå, grått, grå gray

*en gråt tears

gråte, gråt, grått cry, weep

*en gud, -er god; Gud God

*en (ei) gudinne [gud''innə] goddess

*gudskjelov ['guʃʃəlɔ:v] heaven be praised

en gudsønn godson

gul, gult [gu:lt], gule yellow

*gull, -et gold

et gulv see golv

en gutt boy

gutteskole = gutt + skole

gå, gikk, gått go, walk, leave; gå på to walk on two legs; gå an be possible; det går ikke an it won't do

en gård [gɔ:r] farm, estate; farmyard; (in the city) apartment house, yard

*ei gås, -a, pl. gjess goose

ha, hadde, hatt have

en hage (also have) garden

et hagegjerde = hage + gjerde

en hageport = hage + port

*en (ei) hake chin

en hale tail

en hals throat, neck

halv [hall] half

halvdød = (halv + død)

halvfylt = halv + fylt

halvhøyt [hallhøyt] half aloud, in low tones

halvlukket [hall-lokkət] half closed

halvveis halfway

*en hammer, pl. hamrer hammer

han, ham, hans he; in popular speech often used before proper names

ei hand see hånd

en hane rooster

hang see henge

hard [ha:r] hard, harsh, severe

*en hare rabbit

et hareskinn rabbit's fur

*en hast hurry

*en hatt hat

*en haug hill

et hav ocean, sea

en have see hage

*hei whee, whoopee

*en hei knoll, highlands

heil (also hel) whole, entire; en heil del a great deal

en heim popular form of hjem; in this book the latter form is kept in stories from the city

ei heimbygd home community

heimefjorden = fjorden heime

heimestrand = heim + strand
heimover (hjemover) homewards, on the way home
en heimtur trip home
en heimvei (hjemvei) way home
hel *see* heil
heller ['hellər] (I) rather, sooner. (II) either
*hellig holy
helst preferably, most of all, generally
helt [he:lt] quite, wholly, clear
hen [henn] to, off (*used only with verbs and adverbs of motion to indicate direction*)
hende [hennə] happen
henge, hang (*transitive* hengte), hengt hang
*henne at (*frequently used after* hvor *to complete the question; in English it can usually be omitted*)
henne her (*object form of* hun)
hente, -t fetch
her [hæ:r] here
heretter hereafter
*herinne [hær''innə] in here
herned [hærne:] down here (*motion*)
hernede [hær''ne:də] down here (*place*)
herr (*abbrev.* hr.) Mr.
en herre [hærrə] master, lord, gentleman; the Lord
en hest horse
et hestebein = hest + bein
en hesterygg = hest + rygg
*het (*also* heit) hot
hete, hette, hett be called, be named
hilse (*also* helse), hilste, hilst greet, say hello
*en hilsen greeting
en himmel, *def.* himlen heaven, sky
*en historie [his'to:riə] story; history
hit here, hither, to this place
hjalp *see* hjelpe
en (ei) hjelp help
hjelpe [jelpə], hjalp, hjulpet help

*hjelpeløs helpless
*hjelpsom helpful
et hjem [jemm] (*also* en heim) home
hjemme (*or* heime) at home
hjemmesydd home-sewed
*et hjerte [jærtə] heart
hjertelig hearty
*et hjul [ju:l] wheel
hjulpet *see* hjelpe
et hjørne [jø:rnə] corner
et hode head
hogge, hogg, hogd (*also* hugge, -t) chop, strike, pick, slash
holde [hɔllə], holdt [hɔlt], holdt hold, keep; holde av be fond of; holde opp stop; holde på (å) keep on, be busy with, be on the point of, be about to
et hopp leap, jump; ski hill, ski jump
hoppe [hɔppə] jump
hos with, at, among, at the house of
*hr. *abbrev. of* herr Mr.
hugge *see* hogge
et hull, *pl.* hull or huller hole
hun, henne, hennes she, her
en hund [hunn] dog
et hundre hundred
et hus house
huske remember
hva [va:] *pron.* what; hva for what kind of, which
hvem [vemm] *pron.* who, whom
hver [væ:r], *neut.* hvert [vært] each, every; hver sin one each, one apiece; litt av hvert a great many things
hverandre [vær''andrə] each other, one another
hverken... eller [værkən] neither ... nor
*hvile, hvilte rest; hvile seg *the same*
en hvile [vi:lə] rest
hvilken ['vilkən], hvilket, hvilke which, what (of several)
hvis [viss] if, in case (*cf.* om, dersom)

hviske [viskə], -t whisper
hvit [vi:t], hvitt (also kvit) white
hvithåret = hvit + hår + -et
hvor [vor] (I) where. (II) how
(referring to quantity, with adj.
and adv.)
hvordan ['vordan] how, in what
manner
hvorfor ['vorfor] why
*hvorfra ['vorfra] from where
*hyggelig nice, pleasant, cozy
*hysj interj. hush
*ei hytte, def. hytta hut, cabin
*en hæl [he:l] heel
en hær army, host
høg see høy
ei høne, def. høna chicken
høre, hørte hear; høre etter listen
to; høre til belong (to)
*en høst fall, autumn; harvest
en høstmorgen fall morning
høy, -et hay
høy (also høg) high, tall; høyt loud,
loudly, aloud
høye, -t (to) hay; høying haying
høylukt = høy + lukt
*høyre ['høyrə] (also høgre) right
(opposite of left)
en høysky cloud of hay
høytærede highly honored
høyvær haying weather
ei (en) hånd [honn], pl. hender ['hen-
nər] hand
en håndkoffert suitcase
*et håp hope
*håpe, -t hope
*håpløs hopeless
et hår hair
hård see hard
i prep. in; with expressions of time,
see BN, lesson 21, rule 44
iallfall [i'allfall] at any rate, any-
way, at all events
iblant = blant
idag [ida:g] adv. today; idag tidlig
this morning
ifjor [ifjo:r] last year

igjen [ijenn] adv. (I) again, back;
få noe igjen get anything in their
place. (II) left (behind)
igjennom [i'jennom] through
igår [igo:r] adv. yesterday; igår
aftes yesterday evening
ihjel see slå ihjel
ikke not; ikke før no sooner
en ild fire
ildrød fiery red
imellom [i'mellom] now and then,
between
*imens [imens] meanwhile
i morgen [i''mo:ərn] tomorrow
imot [imo:t] against, toward; in
comparison with
ingen [iŋŋən], neut. intet, pl. ingen
adj., pron. no, no one
ingenting nothing
inn adv. in; inn i into
innafor (also innenfor) inside
inne inside, in
*inni inside, within
*innover in(wards)
*inntil until
*interessant [intrəsaŋŋ] interesting
*en interesse [in'tressə] interest
*interessere [intrə'se:rə], -erte in-
terest
is, -en ice
isteden [i'ste:dən] instead
istedenfor [i'ste:dənfor] instead of
især [isæ:r] especially, particularly
*ivrig eager(ly)
iår [io:r] this year
ja yes; *ja-ha um-hm, yep; *jaha
[jaha:] yes indeed; *ja ja well;
*ja så is that so
jage, -t or jagde chase, hunt
jaha see ja
*en jakke jacket, coat
*en jakt chase, hunting
*ja vel [ja'vell] yes, indeed
jeg [jei, je], meg [mei], min I, me,
my
*ei jente, def. jenta girl (slightly more
rustic than pike)

jentunge [jentoŋŋə] (jente +
unge) brat of a girl
jern [jæːrn], -et iron
*jevn even, steady
jo (I) *interj.* yes (*reply to negative
question*). (II) *adv.* of course,
you know (*BN, lesson 33, rule
64*). (III) jo... jo the... the
(*with comparatives*)
ei jord [joːr] earth; soil, ground
en (ei) jul Christmas
en julaften Christmas Eve
en julegjest = jul + gjest
ei julekake Christmas cake (*a special
kind of spiced bread*)
en julekveld = jul + kveld
en julemorgen = jul + morgen
*en juling beating
kaffe, -n ['kaffə] coffee
*en kaffekjel coffee pot
en kaffekopp cup of coffee
*ei kake cooky, small cake, pastry
kald (*also* kold) cold
kalle, kalte, kalt call
*en kalv calf
kan, kunne can, is able, could
kanskje [kansjə] perhaps, maybe
en kant (I) edge, rim. (II) direction
en kaptein [kaptein] captain
en kar man, fellow
*karfolk menfolk
*et kast toss
kaste, -t throw, toss, cast; kaste på
dør throw out, kick out
en (ei) katt cat
kikke [çikkə], -t peep, peek
et kinn cheek
*en kino ['çiːno] motion picture,
"movie" (*theater*)
kinopenger money for "movie"
en kirke [çirkə] (*also* ei kjerke)
church
et kirkegolv = kirke + golv
en kirkegård graveyard
ei kirkeklokke church bell
en kirkenøkkel church key
ei kirketid = kirke + tid
ei kirketrapp = kirke + trapp

et kirkevindu = kirke + vindu
*ei kiste chest
en kistebunn (kiste + bunn) bottom
of the (money) chest
*kjedelig tiresome, boring, annoy-
ing
en kjeller cellar, basement
et kjellervindu cellar window
kjenne, kjente, kjent (I) know,
recognize; kjenne seg igjen recog-
nize (*a place one has been before*);
kjenne til know about. (II)
feel, sense; kjenne etter feel, try
to find out (*by feeling of oneself*)
ei kjerke (*popular form of* en kirke)
church
ei kjerring [çærriŋ], -a old woman
(*country term; used humorously
or contemptuously*)
*en kjole dress
kjær dear, beloved
*kjære *exclam.* (I) (*entreaty*) please;
also kjære dig, kjære snilde, *or*
vene deg please, pretty please.
(II) (*surprise*) goodness!
*en kjæreste fiancée, sweetheart; få til
kjæreste become engaged to
*kjærlig loving(ly)
et kjøkken ['çøkkən] kitchen
kjøpe, kjøpte buy
kjøre, kjørte drive, ride (*in a vehicle*)
*en kjører, -e driver
*kjøtt, -et meat
en kjøttbit = kjøtt + bit
klage, -t *or* klagde complain (at)
*klappe, -t (I) clap (*often in phrase
k— i hendene*). (II) pat
klar clear, bright, plain
klare, klarte manage; klare seg get
along
ei klasse class
*klatre, -t climb, clamber
kle, -dde, -dd dress; kle på seg
dress (oneself); kle seg ut dress
up, masquerade
klemme, klemte pinch, squeeze
*klippe, -t cut (*with scissors or
shears*), clip

klok wise, prudent, sagacious
ei klokke [klɔkkə] (I) clock; hva er
klokka *etc.* what time is it? (II)
bell
*klyve, kløv, kløvet climb
klæ *see* kle
klær, klærne ['klæːrnə] clothes
kløv *see* klyve
*en knapp button
knapt scarcely, just barely
et kne, *pl.* knær knee
*knipe, knep, knepet pinch
*en kniv knife
*knytte, -t tie; knytte seg clench
(*fists*)
*en koffert ['kɔffərt] trunk
koke, kokte cook, boil
*en kokk (man) cook
kold *see* kald
komme [kɔmmə], kom [kɔmm],
kommet come; komme fram ar-
rive, get there; komme til å (I)
happen to, come to. (II) is
going to
ei kone, *def.* kona wife; woman (*esp. a
married or elderly woman*)
en konge [kɔŋŋə] king
ei kongsdatter princess (*also called
prinsesse*)
en kongsgård ['kɔŋsgɔːr] royal palace
en kongssønn prince (*also called* prins)
*en konstabel [kɔn'staːbəl], *pl.* kon-
stabler policeman
et kontor [kontoːr] office
*en kopp cup
*korn, -et grain (*wheat, oats, barley,
etc.*)
kort [kɔrt] short
*et kort card
*en kost [kost] brush
koste [kɔstə] cost
*krabbe, -t crawl, scramble
en kraft, *pl.* krefter power, strength,
vigor, energy; av alle krefter with
all (one's) strength
*kraftig strong, vigorous
*kremte, -t clear one's throat
*en krig war

en krok (I) hook. (II) corner
*kroket bent, crooked
en (ei) krone (I) crown (*Norwegian
coin, about 25¢*). (II) (royal)
crown
en kropp [krɔpp] body, carcass
krype, krøp, krøpet creep
krøp *see* krype
ei ku, *def.* kua, *pl.* kuer or kyr cow
*kull, -et coal
kunne *see* kan
*en kunst (I) trick. (II) art (*in com-
pounds* smedkunst, kunstverk;
cf. kunstner)
*en kunstner artist
et kunstverk work of art
en kurv basket
*et kvarter [kvarteːr] quarter (hour),
fifteen minutes
kveld [kvell] evening (*slightly more
rustic than* aften)
ei kvinne woman
et kvinnfolk womenfolk (*slightly con-
temptuous or amusing term*)
*kvitt rid of; bli kvitt get rid of
*et kyss kiss
*kysse, -t (*or* kyste) kiss
*en kyst [çyst] coast
*ei kåpe (woman's) coat
la, lot, latt let, leave, permit, cause
to; la seg skremme let itself be
frightened; late som (om) act,
behave, pretend
la *see* legge
en labb paw
lage, -t make, prepare
lagt *see* legge
*en (ei) lampe lamp
et land [lann] country, land; i land on
land
en landsmann countryman
en landtur trip to the country, picnic,
hike
lang long
langbeint long-legged
langs along
langsom [langsɔm] slow
langt far

late *see* la
*en latter ['lattər] laughter
lav, lavt [la:ft], lave low
le, lo, ledd laugh
led *see* li
*en legg leg
legge, la, lagt [lakt] lay, put; legge
i vei start off; legge igjen leave
behind; legge merke til notice;
legge seg lie down, go to bed;
legge til add
*lei sorry
*leie, leide, leid hire
*en lek game
leke, lekte play
lenge (a) long (time); lenge siden
long ago; *på lenge in a long
time; *lenger innpå farther in
lese, leste [-e:-], lest read
en leselampe reading lamp
lete (*also* leite), lette seek, search,
look
lett (I) easy.   (II) light (weight)
*lettet relieved
leve, levde, levd live, be alive;
leve over survive
ei li (woody, grassy) mountain slope
li, led pass (*of time*)
ligge, lå, ligget lie
*ligne [liŋnə], -t resemble, look like
*lik *adj.* like; likt the like, equal
*et lik corpse
like *adv.* (I) equally, just as.   (II)
straight, clear, directly
like, likte like (*verb*)
likevel just the same, anyhow
liksom (lissom) somewhat, as it
were, as if, just as
likså just as, likewise, equally
en lillegutt = liten + gutt
liten, *fem.* lita, *neut.* lite, *def.* lille,
vesle, *pl.* små little, small
litt a little
et liv life, spirit
*livlig lively
livløs lifeless, dead
lo *see* le
et loft [lɔft] attic, loft

*lokke [lɔkkə], -t coax, call (*to
animals*), entice
ei lomme [lɔmmə] pocket
lommepenger pocket money
lot *see* la
lov [lɔ:v] permission, leave
love [lɔ:ve], lovte [lɔ:ftə] promise
*ei lue cap; skull cap, stocking cap
luft, -en (-a) air
lukke [lokkə], lukket close, shut;
lukke opp open
*en lukt [lokt] smell, odor
lukte [loktə] smell
*lun cozy, snug
*lure, lurte fool; lure seg på sneak
up on
en lyd sound
*lyde, lød, lydt sound, be heard
ei lykke happiness, luck
*lykkelig happy
*lykkes, lyktes succeed
*et lyn lightning
et lys light, candle
lys, lyst [ly:st], lyse light, bright
lyse, lyste, lyst shine, gleam
lysegul light yellow
lyserød pink, light red
lyshåret with blond hair
en lyst (på, til) desire, liking, inclina-
tion (for)
*lystig merry
lytte, -t listen
lære, lærte learn, teach
en lærer, *pl.* -e, *def.* -ne teacher
lød *see* lyde
løfte, -t lift, raise
*ei lønn pay, wages
løpe, løp, løpet run
*lørdag ['lø:rda] Saturday
løs free, loose
*løse, løste, løst loosen, untie, re-
lease; løse opp *the same;* løst fra
alt relieved of everything, freed
from responsibility
lå *see* ligge
låne, lånte loan, borrow, lend
*ei lås lock

*låse, låste, låst lock; låse igjen
the same
en låve hay barn
*make, -n equal, like; maken til (I
never saw the) like of
*ei makt power
*maling, -en (-a) paint (*from* male
to paint)
*mamma mama
man *pron.* one, they, people, you
(*cf.* en *pron.*)
*mandag ['manda] Monday
mange many; mangen, *neut.* mangt
et many a
en mann, *pl.* menn man, husband
en (ei) mark field, ground, land
mat, -en food
en matsekk (mat + sekk) lunch bag
*en maur, *pl.* maur ant
*en mave stomach
med [me:] *prep.* with, along, by;
med det samme just then, at that
moment; med éngang at once
*en medisin [medisi:n] medicine
meg *see* jeg
meget (I) much (*also spelled* mye).
(II) very
mel (*also* mjøl) flour
*melde [mellə], meldte announce
melk, -en (*also* mjølk, -a) milk
*melke (*also* mjølke), -t milk
et melkeglass milk glass
mellom between, among; den mel-
lomste the middle
men but
mene, mente [me:ntə] think, be-
lieve, be of the opinion, say
*mening (I) opinion, idea. (II)
meaning, purpose; ingen mening
no sense
et menneske, -r person, human be-
ing, *pl.* people
et menneskebarn human child
menneskehode = menneske +
hode
mens *conj.* while
mer(-e) more

merke [mærkə], -t notice, mark,
perceive
et merke [mærkə] notice, mark
*merkelig [mærkəli] odd, strange,
remarkable; det merkelige the
strange part of it
mest most
en mester ['mestər], *pl.* mestrer
master
*en meter meter (*39.37 in.*)
mett satisfied, having had enough
(food); se seg mett see enough,
get fed up
mi *popular form of* min *used with
feminine nouns*
*en middag ['midda] dinner, dinner
time (*noon in the country, mid-
afternoon in the city*)
middagshvile noon hour, noon rest
ei middagstid dinner time
midt [mitt] i, på in the middle (of);
i midten in the middle
Midtvesten the Middle West
*ei mil, *pl.* mil (*Norwegian*) mile (*for-
merly 11, now 10, kilometers, or
between 6 and 7 English miles*)
*mild gentle, kind, mild
min, *fem.* mi, *neut.* mitt, *pl.* mine
my, mine
mindre ['mindrə] less, smaller
minne, minte remind; minnes re-
member
*et minne memory; til minne om in
memory of
minst least, smallest
*et minutt [minutt] minute
*misfornøyd (mis- + fornøyd) dis-
satisfied
miste, -t lose
mjøl *popular form of* mel flour
mjølk (*also* melk), -a milk
ei mjølkegeit milk goat
modig [mo:di] brave, courageous
ei mor mother
*more, -t amuse; more seg have
fun, be amused
en morgen [mɔːrn] morning
en morgenkaffe = morgen + kaffe

moro [morro] fun, amusement
morsom [morsɔm] amusing, quaint,
    fun
mot against, toward
mulig [mu:li] possible
*en mulighet possibility
*mumle [momlə], -t mumble
en munn mouth
en mur wall (*of brick or stone*)
ei mus, *pl.* mus mouse
*musikk [musikk], -en music
mye (meget) much
*ei myr marsh
mørk dark
*et mørke darkness, dark
møte, møtte, møtt meet
må, måtte must, have to
et mål voice, speech, language
*et mål measure; ta mål size up, look
    over
*måle, målte measure
*et måltid meal
en måne moon
en måned month
en måte (I) manner, way; i like måte
    same to you. (II) moderation;
    fare med måte behave reason-
    ably, show some sense
måtte *see* må
'n *short for* han (*generally used in
    speech for both* han *and* ham)
en nabo neighbor
en nabobåt = nabo + båt
en nabogård = nabo + gård
ei nabokone = nabo + kone
*naken, -t, nakne [na:knə] naked
en nakke neck, back of the head
*narre, -t fool
ei natt, *pl.* netter ['nettər] night
ei nattskjorte = natt + skjorte
*en natur [natu:r] nature
*naturlig [na'tu:rli] natural
naturligvis [na'tu:rlivi:s] of course,
    naturally
*et navn name
*et nebb beak
ned [ne:] down (*motion*)
nede down (*place*)

*nedenfor below
*nederst at the bottom
*nedetter down (along)
nedover ['neddɔ:vər] down, down-
    wards
nei *interj.* no; nei nei dear, dear
*nekte, -t deny
en nese nose
nest next
nesten almost
nettopp ['nettɔp] just, exactly
*en neve fist, hand
*nevne, nevnte mention
ni nine
*nikke, -t nod
noen, noe, noen (*also spelled* nogen,
    noget, nogen) some(thing), some-
    one, any(thing), anyone; noe til
    kar quite a fellow
*noengang ever
*noensteds any place
nok [nɔkk] *adv.* (I) enough, plenty.
    (II) all right (*unaccented*); *see
    BN, rule 64, lesson 33*
nord [no:r] north
*nordlig northern
*en nordmann ['normann], *pl.* nord-
    menn (a) Norwegian
*nordover ['norɔvər] northwards,
    to the north
*Norge [nɔrgə] Norway
norsk [nɔrsk] Norwegian; på norsk
    in Norwegian
nu (*also* nå) now
ny, nytt, nye new
*en nyhet (piece of) news
*nylig recently
nytte, nytten use, usefulness
*nytte, -t be of use; det nytter ikke
    it's no use
*nyttig useful
*nyttår New Year's
nyvasket newly washed
nær, *comp.* nærmere, *superl.* nær-
    mest near
*nærme seg, -t approach
*nødvendig [nød'vendi] necessary
    (-ily)

*en **nøkkel,** *pl.* **nøkler** key
et **nøkkelhull** keyhole
*en (ei) **nøtt** nut
nøye (I) carefully, exactingly.
(II) particular; **det er ikke så
nøye** it doesn't matter
nå *adv.* (*also* **nu**) now, at present;
(*unstressed*) to be sure, indeed
nå *interj.* well
nå, nådde, nådd reach, gain, attain,
catch up; **nå fram** arrive, get
there; **nå igjen** catch up with
ei **nål** needle, pin
når *conj.* when
ofte [ɔftə] often, frequently
og [ɔ] *conj.* and
også ['ɔssɔ] *adv.* too, also
om [ɔm, om] *prep.* about, concern-
ing, during
om *conj.* if, whether; **om enn, om
så, selv om** even if
om *with expressions of time—see
BN, section IV, lesson 21*
*****ombord** [ɔmbo:r] on board
omkring [ɔmkriŋŋ] around, about
omtrent [ɔmtrent] about
en **onkel** ['oŋkəl], *pl.* **onkler** uncle
*en **onsdag** ['onsda] Wednesday
opp up (*motion*)
oppe up (*place; see BN, rule 39*)
*****oppetter** (**-efter**) up along
oppover ['ɔppəvər] up, upward
et **ord** [o:r] word
en **orden** ['ɔrdən] order, arrangement
*****ordentlig** [ɔrntli] (*also spelled*
orntli) orderly, shipshape; regu-
lar, real
*****ordne** [ɔrdnə], **-t** arrange
orke [ɔrkə], **-t** be able to, be capa-
ble of, have the endurance
orntli *see* **ordentlig**
oss [ɔss] *pron.* us
en **ost** cheese
*****osv.** *abbrev. for* **og så videre** and so
forth (etc.)
*****ovenfor** (*also* **ovafor**) above; on
top

*****ovenpå** [ɔ:vənpɔ] (*also* **ovapå**) up-
stairs; on top
over ['ɔ:vər] *prep.* over, above,
about; more than, beyond
*****overalt** [ɔvəralt] everywhere
oversatt *see* **oversette**
*****oversette, oversatte, oversatt**
translate
en **ovn** [ɔvn] stove
*ei **pakke** package
*ei **panne** forehead
papir [papi:r], **-et** paper
*en **pappa** papa
et **par** [parr] couple, pair, a few
passe, -t (I) fit, be proper, suit.
(II) watch, tend; **passe på** keep
watch; **passe seg** look out
*****passende** suitable
peke, pekte point
en **pekefinger** index finger
pen pretty, handsome
penger *pl.* money
en **penn** pen
*en **person** [pærʃo:n] person
personlig [pær'ʃo:nli] personal(ly)
ei **pike** girl
ei **pipe** chimney, pipe
pipe, pep, pepet squeak, whistle
et **pipehode** (**pipe** + **hode**) pipe bowl
*en (ei) **plage** nuisance
*en **planke** plank
*****plaske, -t** splash
en **plass** (I) place, position, room,
space. (II) a tenant's farm
(*tenanted by a* **husmann**)
pleie, pleide, pleid be accustomed
(to), be used to
*en **plog** plow
plukke [plokkə], **-t** pick, gather,
pluck
plutselig [plutseli] sudden(ly)
*****plyndre, -t** rob
*****pløye, pløyde, pløyd** plow
*en **port** [port] gate, doorway
*en **pose** bag
*en **potet** [po'te:t] potato
en **potetessekk** = **potet** + **sekk**
potetesåker = **potet** + **åker**

potetkjeller [po'te:tçellər] = **potet
+ kjeller**
en **prest** minister, pastor
*en **prestegård** parsonage
*en **pris** price
*en **professor** [pro'fessor], *pl.* **-er**
[profe'so:rər] professor
prøve, prøvde try, test; **prøve seg**
compete
*en **prøve** trial, test
*pusse, -t** polish, wipe, dab
*en **pust** breath; *cf.* **vindpust**
*puste, -t** breathe
*ei **pute** pillow, cushion
*ei **pølse** sausage
på *prep.* on, upon
*en **rad** row
rakk *see* **rekke**
rakt, -e *see* **rekke**
rant *see* **rinne**
rar queer, strange, funny
redd afraid, frightened
redde, -t rescue, save
et **rede** nest
*en **redsel** ['retsəl], *pl.* **redsler** terror
et **regn** [rein, reŋn] rain
regndråpe = **regn** + **dråpe**
regne [reinə, reŋnə], **-t** rain
*regne** [reinə] (*also* **rekne**), **-t**
reckon, count; **r— etter** figure up
regnvær = **regn** + **vær**
reise, reiste, reist (I) raise, erect;
reise seg get up, rise. (II)
travel, go, leave
en **reise** trip, journey
reisepenger travel money
*rekke, rakk, rukket** (I) reach.
(II) (**rakte, rakt**) stretch, extend,
reach
*en **rekke** row
ren (*also* **rein**) clean, pure
renne *see* **rinne**
*renslig** cleanly
*renslighet, -en** (-a) cleanliness
rent [re:nt] *adv.* completely, quite
renvasket washed clean
en **rest** rest, remainder
*en **retning** direction

rett (I) right, just; **ha rett** be right;
rett som det er (**var**) every once
in a while, all of a sudden. (II)
straight
*en **rett** justice; **få rett** get the upper
hand
*rette, -t** straighten; correct; **rette
seg op** straighten up
en **rev** fox
rev, -et *see* **rive**
*ri, red** [re:], **ridd** ride (*horseback*);
ridende riding
rik rich, wealthy
*rikdom, -men** wealth, riches
*et **rike** kingdom
riktig [rikti] *adj.* correct, right
riktig *adv.* very, really
*et **rim** rhyme
*en **ring** circle, ring
*ringe, ringte, ringt** ring; **ringe på**
ring the doorbell
rinne (**renne**), **rant, runnet** run,
flow
riste *see* **ryste**
rive, rev, revet tear, pull, pluck
ro rest, quiet
ro, rodde row
rolig [ro:li] quiet
*et **rom** [romm] room (*usually a large,
hall-like room*)
en **romann** (**ro** + **mann**) oarsman
*rommelig** roomy
*et **rop** cry
rope, ropte call, shout, cry
ei **rotte** rat
rukket *see* **rekke**
rulle, -t roll
rund [runn] round
rundt [runt] around
runnet *see* **rinne**
*rusle, -t** stroll, walk slowly
*ruste, -t** rust
en **rygg** back, ridge
ryggben = **rygg** + **ben**
*rynke, -t** wrinkle
ryste (*also* **riste**), **-t** shake, tremble
rød [rø:], **rødt** [røtt], **røde** [rø:ə]
red

rødblå reddish blue
en røk *see* røyk
røke *see* røyke
røre, rørte (I) touch. *(II) stir;
    røre seg move, stir
    *rørt touched, moved (*from* røre)
*en røyk (røk) smoke; mist, steam
    *røyke, røykte (*also* røke) smoke
rå, rådde rule, manage, handle
en råd [rɔ:] means, remedy, a way
    out, expedient; ha råd afford;
    ingen råd for det no help for it
*et råd [rɔ:d] advice
    rådløs (råd + løs) helpless
    sa, sagt *see* si
ei sak matter, case, affair, cause,
    thing
*ei saks (pair of) scissors, shears
    sakte slowly
*en (ei) salme hymn
ei salmebok, -a hymn book
    *salt, -et salt
    samle, -t gather, collect
    samme same; med det samme just
    then, suddenly; det er det samme
    it makes no difference
    sammen ['sammən] *adv.* together
*en samtale conversation
    sand, -et sand
    sang *see* synge
*en sang song
    sank *see* synke
    sann, sant, sanne true, real
    *sannelig certainly
en sannhet truth (sann + -het)
    satt *see* sitte
    satt, satte *see* sette
en sau sheep
ei sauesaks sheep shears
    se, så, sett see; se etter look around,
    look into; se på look at; se seg
    omkring look around; se ut ap-
    pear
    seg [sei] himself, itself, herself,
    themselves
*et seil sail
en seilbåt sailboat
    seile, seilte sail

sein (*also* sen) late, slow
en sekk sack, bag
    seks six
    selge *see* selle
    selle, solte [sɔltə], solt [sɔlt] sell
    (*also* selge, solgte)
*et selskap [selska:p] company; party
    selv [sell] (*also* sjøl) *pron.* self
    selv [sell] *adv.* even; selv om even
    if
    *selvsagt [sellsakt] as a matter of
    course
    sen (*also* sein) late, slow
    sende [sennə], sendte send
ei seng [seŋŋ] bed
en sengekant edge of the bed
et sengeteppe quilt
    sette, satte, satt (I) set, place, put;
    sette seg sit down; sette igjen
    leave behind. (II) *intr.* start,
    move, rush; sette over cross
    si, *pres.* sier, sa, sagt [sakt] say,
    tell (someone); det vil si that is,
    that is to say (*abbrev.* dvs. = i.e.);
    si imot contradict
ei side, *def.* sida *or* sia (*also* siden) side
    siden (I) since, later. (II) ago
et sideværelse neighboring room
    sikker ['sikkər] sure, safe, certain,
    positive
    *sikkerhet (-en) safety
    *sikte, -t aim
*ei sild herring
    sin, sitt, sine his (her, its, their)
    own; *see BN, rule 47*
*et sinn mind, heart, soul
    sint angry
    sist last; til sist at last; sist på to-
    wards the end (of)
    sitt *see* sin
    sitte, satt, sittet sit
*ei sjel soul
    *sjelden rare(ly), seldom
    sju (*also* syv) seven
    sjuk *see* syk
en sjø sea, lake, wave
    sjøfolk sailors
    sjøl *pron.* self (*also* selv)

*en **sjømann** sailor
sjøsyk seasick
skal, skulle is (are) to, is (are) going to, shall, should
skalv *see* **skjelve**
*en **skam** [skamm], -men shame, disgrace
*skamme seg, -t be ashamed
*en **skammel** footstool
*et **skap** cupboard
*skape, skapte, skapt create; **skape om** transform
skar *see* **skjære**
skarp sharp
en **ski** [ʃiː], *pl.* **ski** ski
*skifte change; **skifte av** change off
*en **skikk** [ʃikk] custom
*en **skikkelse** figure, shape
*skilles, skiltes part
*en **skilling** shilling (*old-fashioned coin, 1/120 of a daler, or less than one cent*)
et **skinn** skin, hide, fur
skinne, skinte shine
ei **skinnlue** fur cap
et **skip** [ʃiːp] ship, vessel
ei **skje** (*also* **skei**) spoon
et **skjegg** beard
skjegget bearded
skjelve, skalv, skjelvet tremble, shake
*skjenke, -t pour (*a drink*)
*skjenne, skjente, skjent scold
*skjev, -t [ʃeːft], -e crooked; not straight (*in story of Bymus refers to some defect of the bone structure*)
*ei **skjorte** [ʃortə] shirt; nightshirt
*et **skjær** reef
skjære [ʃæːrə], **skar, skåret** cut
skjønne, skjønte understand, realize
*skjønt although
skjøt *see* **skyte**
skjøv *see* **skyve**
*sko, skodde shoe
en **sko,** *pl.* **sko** shoe
en **skog** forest, woods

en **skole** school; **gå på skole** go to school; **på skolen** at school
ei **skolestue** schoolroom
skrek, -et *see* **skrike**
*skrekkelig awful(ly)
skremme, skremte scare, frighten
skrev, -et *see* **skrive**
*en **skrift** writing, handwriting, hand
skrike, skrek, skreket cry, scream
et **skritt** step, pace
skrive, skrev, skrevet write
et **skrivebord** writing desk
*skrå aslant, sidelong
*et **skudd** (*also* **skott**) shot
*skuffe, -t disappoint
*en **skulder,** *pl.* **skuldrer** shoulder
skulle *see* **skal**
*skure, skurte, skurt scour, rub
*ei **skute** vessel
skutt *see* **skyte**
ei **sky** [ʃyː] cloud
*skygge, -t shade
en **skygge** [ʃyggə] shade, shadow
*skyld [ʃyll], -en *or* -a (I) fault, blame; **skyld i** to blame for. (II) sake
skynde [ʃynnə] **seg, skyndte** hurry, hasten
skyte [ʃyːtə], **skjøt** [ʃøːt], **skutt** shoot
*skyve [ʃyːvə], **skjøv, skjøvet** shove, push
skåret *see* **skjære**
*et **slag** (I) blow. (II) battle
en (et) **slags** [slaks] sort, kind of
*en **slange** snake
slapp *see* **slippe**
*en **slede** sleigh
*en (ei) **slekt** family, relatives; **i slekt med** related to; **en ny slekt** a new generation
slem bad, naughty
*slenge, slang, slengt dangle, swing, flap
slenge, slengte throw, fling, jerk
slet *see* **slite**
slett ikke not at all

slik like that, that way, so, such, thus

slippe, slapp, sloppet (I) escape, get out (of), not have (to). (II) let go, drop, release

slite, slet, slitt (I) toil. (II) wear, tear

slo *see* slå

slokke, -t put out, extinguish

*slokne, -t go out, be extinguished (*here:* her face fell)

sloppet *see* slippe

en slutt close, end; *adj.* at an end, over; til slutt at last

*slutte, -t stop, quit

slå, slo, slått strike, hit, beat, knock; slå ihjel kill; slå ned cut (*hay*); slå seg hurt oneself; slå vann pour water

slåss, sloss fight

smake, smakte taste

*smal narrow

*en smed [sme:] blacksmith

en smedkunst [sme:kunst] art of blacksmith work

*smi, smidde forge

*et smil smile

smile, smilte smile

smurt, smurte *see* smøre

smør [smørr], -et butter

*et smørbrød (open-faced) sandwich, piece of bread and butter

*smøre [smørrə], smurte, smurt spread, rub, soap in

små (*only plural*) small

småfrøken [smɔ'frø:kən] little miss

en smågutt = små + gutt

ei småjente = små + jente

småle [smɔ:le:], smålo, småledd chuckle

småpike [smɔ'pi:kə] = små + pike

snakke, -t talk, chat

*snar quick

snart [sna:rt] soon, presently

sne *see* snø

snill good, kind

*snorke [snɔrkə], -t snore

snu, -dde turn

*snuble, -t stumble

snø -en snow

snø, -dde snow

et snøbad snow bath

et snøfall = snø + fall

*en sofa sofa

et sofahjørne = sofa + hjørne

ei sofapute = sofa + pute

en (ei) sol sun

*en soldat [solda:t] soldier

*solid [soli:d] solid, substantial

solt, -e *see* selle

som [sɔm] *rel. pron.* who, which, that

som [sɔm] *conj.* as

*somme [sɔmmə] some (*chiefly in the phrase* somme tider)

en sommer [sɔmmər] summer

*en sorg [sɔrg] sorrow

sorgfull [sɔrg-] sorrowful, full of grief

sort (*also* svart) black

sove [sɔ:və], sov, sovet sleep

en soveplass = sove + plass

et soveværelse bedroom

sovne, -t [sɔvnə] fall asleep, go to sleep

*spare, sparte skimp, economize, save

*sparke, -t kick

*speide, -t keep watch, spy

*et speil mirror

*en spiker ['spi:kər], *pl.* — nail

ei spikersuppe nail soup

*spille, spilte play (*acting, sports, music*)

spise, spiste eat

et spisebord dinner table

ei spisestue dining room

et spisestuvindu dining-room window

sprakk *see* sprekke

sprang *see* springe

*spre, spredte [sprettə] *or* spredde spread

*en sprekk crack

*sprekke, sprakk, sprukket [sprokkət] burst, crack

springe, sprang, sprunget [sproŋ-ŋət] run, jump, leap

sprukket *see* sprekke

sprunget *see* springe

*et språk (sprog) [sprɔ:k, sprɔ:g] language

spurt, -e *see* spørre

*spytte, -t spit

spørre, spurte, spurt ask, inquire, question

et spørsmål ['spørsmɔ:l] question

*stadig [sta:di] constant(ly), always

stakk *see* stikke

stakkars poor, miserable (*expressing pity*); en stakkar poor fellow

*en stall stable

ei stalldør stable door (*divided into an upper and a lower half*)

stand: i stand able; in order

*en stans stop

stanse, -t stop, pause

et sted [ste:], -er [ste:dər] place

steg, -et *see* stige

en stein (*also* sten) stone, pebble

steinmennesker people of stone

stelle, stelte take care of, arrange, order, fix

en stemme voice

sten *see* stein

sterk [stærk] strong

*en sti path

*en stige ladder

stige, steg, steget (I) rise, ascend, mount. (II) step, stride

stikke, stakk, stukket [stokkət] (I) thrust, put, stick. (II) sting

stille quiet, still

*stille, stilte place, take up a stand

*stillhet silence

*stilne, -t quiet down

stirre, -t stare, gaze

stiv, stivt [sti:ft] stiff

stjele, stjal, stjålet steal

*en stjerne [stjæ:rnə] star

stjålet *see* stjele

stod *see* stå

en stokk [stɔkk] log, stick; cane

en stol chair

*stole, stolte [sto:ltə] rely, depend

*stolt [stɔlt] proud

*en stolthet pride

stoppe, -t stop

stor, -t, -e large, big, great; stort much; stor på det stuck up

en storm [stɔrm] storm

*storme, -t storm

stort much

en (ei) stortå (stor + tå) big toe

storøyd (stor + øye) wide-eyed

*en straff punishment

*straffe, -t punish

strakk *see* strekke

straks at once

strakt, -e *see* strekke

*ei strand shore; land og strand rundt everywhere, high and low

strekke, strakk, strukket *or* strakte, strakt stretch, reach, extend

*streng severe, serious; strenuous

*streve, strevde struggle, work hard, strive

stri, stritt, strie rough, bristly, obstinate

strukket *see* strekke

stryke, strøk, strøket stroke, rub, brush

*strø, -dde strew, scatter

*en strøm, -men stream, current; kjerringa mot strømmen the contrary woman

*strømme, -t pour

*en strømpe stocking

*strålende beaming, radiant

ei stue (I) living room. (II) small cottage

ei stuedør house door, front door

stukket *see* stikke

en (ei) stund [stunn] while, time

*stundom [stunnɔm] sometimes

stygg, stygt [stykt] ugly, bad

et styggvær nasty weather

et stykke (I) piece, bit; i stykker in pieces, broken. (II) a short distance

*styre, styrte control, hold back; steer, guide

*en styrke strength

*støtte, -t lean, support

*en støvle shoe, boot (in the English sense; a high shoe in America)

stå, stod, stått stand; stå opp get up; hvordan står det til how are you, how's everything; det står it says, it is written; stå imot resist, oppose

et sukk sigh

*sukke, -t sigh

*sukker, -et ['sokkər] sugar

sulten hungry

sunget see synge

sunket see synke

*ei suppe soup

*sur sour, dissatisfied

*surre, -t buzz

suse, suste whistle, whir, sough, whiz

svak weak, feeble

*et svar answer

svare answer, reply; svare på answer (when object is not a person)

*svart same as sort black, dirty

*svelgje, -t swallow

svinge, svingte, svingt (also svunget) swing

svunget see svinge

svær big, huge, heavy

svært adv. very, exceedingly, hugely

*svømme, svømte swim

*sy sydde sew

syd see sør

*en sydvest [sydvest] sou'wester, oilskin hat

sydøst [sydøst] southeast

*syk (also sjuk) sick; de syke the patients

*en sykdom sickness

*et syn sight

*en synd: det er synd it's too bad, it's a shame; synd og skam much too bad, a shame; synd på too bad about, feel sorry for

synes, syntes think, find

synge, sang, sunget [soŋŋət] sing

*synke, sank, sunket [soŋkət] sink

sytti ['søtti] seventy

syv see sju

*særlig, -e special

*søke, søkte seek

sølv [søll], sølvet [søllə] silver

søndag ['søndа] Sunday

en søndagsfred = søndag + fred

søndagsklær = søndag + klær

en sønn son

*sør (also syd) south

*sørge, -t grieve

*sørgelig sad

*et søsken brother or sister

*ei søster, pl. søstrer sister

ei søsterdatter niece

*søt sweet

så adv. (I) then, so (II) so, as

så conj. so that

så see se

*så menn [səmenn] indeed

*sånn, sånt, sånne such (= slik), the like, something like that

*sår adj. sore, tender, sensitive

*et sår sore, wound

såvidt [sovitt] just, barely, as far as

ta, tok, tatt (I) take, hold; ta det igjen make up for it; ta imot receive; ta seg av take care of; ta til begin. (II) beat, surpass

et tak (I) roof, ceiling. (II) hold, grasp, effort, stroke

en takk thanks

*takke, -t thank; takket være thanks to

*tale, talte speak, talk

*en tale speech; holde en t- make a speech; høre t- om hear tell about

et tall number

talt, talte see telle or tale

en tanke thought, idea; i tanker absentmindedly

*tankefull thoughtful

*tankeløs thoughtless

ei tann, tenner tooth

ei **tante** aunt
***tape, tapte** lose
*te, -en tea
*tegne [teinə], -t draw (*pictures*)
en **tegning** [teiniŋ] drawing
*en **telefon** [teləfoːn] telephone
*telle, talte, talt count
*et **tempel**, *pl.* **templer** temple
tenke think (= ponder); **tenk!**
tenk det! just imagine; **tenke seg**
imagine; **tenke seg om** think it
over
tenne, tente kindle, light
*et **teppe** quilt, coverlet, covering;
cf. **sengeteppe, golvteppe** (rug)
tett near, close, thick, tight
ti ten
en (ei) **tid** [tiː, tiːd], *def.* **tia** *or* **tiden**
time
tidlig [tiːli] early
*tie, tidde (*sometimes with* still *or*
stille) keep still, say nothing
*tigge, -t beg
til to, towards, for, until, till; **en**
... **til** one... more; *conj.* until
tilbake [teˮbakə] *adv.* back, (re-
main) behind
til bords [teboːrʃ] at table, to the
table
*tilfreds [tefrets] satisfied
til sist [tesist] at last, finally
til slutt [teslutt] finally, at last
en **time** hour; class hour
en **ting**, *pl.* **ting** thing
*en **tirsdag** [ˈtiːrʃda] Tuesday
*en **tittel** [ˈtittəl], *pl.* **titler** title
tjene, tjente earn, serve
*en **tjeneste** service; **til t-** at (your)
service
tjue [ɕuːə] (*also* **tyve**) twenty
tjukk *see* **tykk**
to two
*tobakk [tobakk] tobacco
en **tobakkspipe** tobacco pipe
en **tobakksrøk** = **tobakk** + **røk**
et **tog** [toːg] train
tok *see* **ta**
tolv [tɔll] twelve

tom [tomm] empty
*en **tommelfinger** [tɔmməlfiŋər] thumb
*en **tone** melody
en **topp** [tɔpp] top, summit
torde *see* **tør**
*en **torn** thorn
*torsdag [ˈtoːrʃda] Thursday
*en **torsk** codfish
traff *see* **treffe**
trakk *see* **trekke**
trang narrow
ei **trapp** stairway, steps, stairs
*trave, -t trot
travel [ˈtraːvəl] busy; **ha det**
travelt be busy
et **tre**, *pl.* **trær** (I) tree. (II) wood
(*substance*)
tre three
treffe, traff, truffet [trɔffət] hit,
meet, run across
en **trehest** wooden horse
trekke, trakk, trukket [trokkət]
(I) draw, pull, drag. (II) draft
trenge, trengte need, be in want of
ei **treskje** wooden spoon
trett tired, weary
*en **trikk** streetcar
trille, -t roll
*trives (*or* trivs), trivdes be happy,
enjoy oneself
tro (*also* **tru**), **trodde, trodd** believe
*et **troll** goblin, giant, troll, shaggy
monstrous creature; (*of a woman*)
shrew, scold; **ditt troll** you shrew
*true, -t threaten
truffet *see* **treffe**
trukket *see* **trekke**
trygg safe, secure
*trøste, -t comfort, cheer up
*ei **trøye** jacket
trå, trådte, trådt step, tread
*en **tråd** thread
*tumle [tomlə], -t tumble
tung [toŋŋ] heavy, difficult
*ei **tunge** [toŋŋə] tongue
en **tur** trip, jaunt
et **tusen** [ˈtuːsən] thousand
tvers squarely, right (across)

*en **tvil**, *pl.* **tvil** doubt
*tvile, tvilte** doubt
*tvinge, tvang, tvunget** [tvoŋŋət] compel
*tydelig** clear(ly), evident(ly)
*tygge, -t** chew
ei **tygging** = **tygge** + **-ing**
tykk, tykt, tykke (*also* **tjukk** [çukk]) thick, stout
*tynn, tynt, tynne** thin
*tysk** German
tyve *see* **tjue**
tærne *see* **tå**
*tømme, tømte** empty
*tømmer** ['tømmər], **-et** timber
tør, *inf.* and *past* **torde** (or **tore**) dare
*tørke, -t** wipe, dry
tørr dry
tørst thirsty
*ei **tå**, *pl.* **tær, -ne** toe
tåle, tålte endure, bear with, submit to
*tålmodig** [tɔl'mo:di] patient
en **tåre** tear
tårefylt tear-filled
tårevåt wet with tears
*et **tårn** [tɔ:rn] tower
*uff** *expression of annoyance, about* = oh dear, oh my, ugh, oof
*uforsiktig** careless
uforståelig [ufor'stɔ:əli] incomprehensible
uforstående uncomprehending
ei **uke** week
*uklar** [u:kla:r] unclear
ulest unread
*ull, -a** wool
en **ulv** wolf
*en (ei) **ulykke** misfortune, distress, accident; **ulykken ville** as luck would have it
ulykkelig [u'lykkəli] unhappy
umulig [u'mu:li] impossible
under ['unnər] under, during, beneath
*underlig** [undərli] strange
undre seg wonder; **undres** wonder

ung [oŋŋ] young
*en **ungdom** [oŋŋdəm] youth, young people
en **ungdomsvenn** friend from youth, old friend
*en **unge** kid, youngster
unna away, out of the way, off, aside
*unnskylde** ['unnʃyllə], **unnskyldte** excuse; **unnskyldende** apologetically
en **unnskyldning** ['unnʃylniŋ] forgiveness, pardon
*unntagen** [un'ta:gən] except, besides
en **uro** restlessness
*urolig** [u'ro:li] restless, disturbed
ut out
utafor [u:tafor] outside
utapå on the outside
ute out (*place*)
uten [u:tn] *prep.* without, except
*utmerket** ['u:tmærkət], **-ede** excellent, splendid
utover ['uto:vər] out, out over, out along, past
*utpå** later in...; **utpå dagen** late afternoon; **utpå vinteren** towards spring
*et **uttrykk** [u:ttrykk], *pl.* — expression
utydelig [u'ty:dəli] unclear, indistinct
utålmodig [u:tɔlmo:di] (u- + tålmodig) impatient
*en **uvenn** enemy (*opposite of* **venn**)
*uviss** uncertain
*et **uvær** storm
vakker ['vakkər] pretty
valgte *see* **velge**
vandre, -t wander, walk, roam; *en **vandring** journey, progress
*vanlig** [va:nli] usual
vann, -et water, lake
vannkraft, -en water power
*vanskelig** difficult, hard
*en **vanskelighet** difficulty
vant used, accustomed

vant *see* **vinne**
var *see* **være**
vare, varte [vaːrtə] last
*****vare: ta vare på** take care of
varm warm
varme, -t warm
*****en varme** fire, heat, warmth
vaske, -t wash; **vaske opp** wash the dishes
ved [veː], *def.* **veden** ['veːən] wood (fuel)
ved [veː] *prep.* by, with, at
*****vedde, -t** bet
en **vegg** wall (*of a room*)
en **vei** road, way; **gå sin vei** go away; **i vei** off, on one's way; **i veien** in the way
vekk away, gone, off
*****vekke, -t** wake, awaken
vel [vell] (I) (*accented*) well. (II) (*unaccented*) surely, presumably, I suppose (*see BN, rule 64*)
veldig [veldi] tremendous, enormous
*****velge, valgte** [valtə], **valgt** choose, select, elect
velgjort = **vel** + **gjort**
*****velkommen** [vel'kɔmmən] welcome
velte, -t tip, be upset
vende [vennə], **vendte, vendt** turn; **vende seg** turn
en **venn** friend
*****en (ei) venninne** [ven"innə] (girl) friend
*****vennlig** friendly, kind
*****et vennskap** friendship
*****venstre** ['venstrə] left (*opposite of right*)
vente, ventet wait, expect
*****en veranda** [ve'randa] veranda
ei **verandadør** = **veranda** + **dør**
verandaveien = **veranda** + **vei**
en **verden** ['værdn], *def.* **verden** world
verre ['værrə] worse
*****et vers** [værʃ] stanza
verst worst

*****et vesen** ['veːsən] creature, being
vesle *def. form of* **liten**
vest west
*****vestover** westward, to the west
vet *pres.* know, knows
*****vett, -et** sense
vi, oss, vår we, us, our
vid [viː] wide, broad
videre further, on his way; **ikke videre** not much; **og så videre** (osv.) and so forth
*****vifte, -t** wave, flutter
*****viktig** important; stuck up
vil, ville wants to, will, would; **vil ha** want (*an object*)
en **vilje** will
vill, vilt, ville wild, savage
ville *see* **vil**
*****villig** willing(ly)
*****en vin** wine
en **vind** [vinn] wind
et **vindpust** breath of air, gust of wind
et **vindu**, *pl.* **-er** window
et **vinduslys** = **lys fra vinduer**
en (ei) **vinge** wing
vinne, vant, vunnet win, conquer, gain; **vinne fram** succeed
vinter ['vintər] winter
ei **vinternatt** = **vinter** + **natt**
vinterved (**vinter** + **ved**) wood for winter
virkelig [virkeli] real, actual
et **visdomsord** word of wisdom
vise, viste [viːstə], **vist** [viːst] show, display, prove
*****viss** certain; **visst** (I) certainly, for certain. (II) apparently, probably, it seems, I believe
vite, vet, visste, visst know (*a fact*)
ei **vogn** [vɔŋn] wagon
en **vognmann** [vɔŋnmann] cab driver (*horse and buggy*)
vokse [vɔkse], **vokste, vokst** grow, increase; **voksen** grown-up
en **voksenmann** = **voksen** + **mann**
vond [vonn] angry; **vondt** [vont] pain, hurt, injury, harm; **gjøre**

vondt hurt; **vondt i hodet** headache
***vrang** contrary, stubborn
vunnet *see* **vinne**
et **vær** weather; **hardt vær** storm; **til værs** into the air; **i været** into the air, up
være, er, var, vært be
et **værelse** [væ:rlsə] room
***værsågod** or **værsgo** (I) *term used when offering something to someone, about* = go ahead, please, help yourself. (II) *as part of a command* = if you please
våge, -t (seg) dare, risk, venture
***våken, -t, våkne** [vɔ:knə] awake
våkne, -t wake, awake (*intrans.*)
***en **vår** spring
Vårherre [vɔr'hærrə] Our Lord
en **vårmorgen** = **vår** + **morgen**
våt wet
yngre, yngst younger, youngest
ytterst ['yttərst] outermost
***ære, -t** honor; **æret ærede** honored, honorable
***en **ære** honor; **sette sin ære i** have a special pride in
et **ærend** [æ:ərn] errand
***ærlig, -e** honest, truthful

ei **øks** ax
***øl** [øll], **-et** beer
ønske, -t wish, desire; **ønske seg** wish (for oneself)
***et **ønske** wish
en (et) **øre**, *pl.* **øre** *1/100 of a* **krone** *about ¼ cent*
et **øre, -r** ear
øst east
***østlig** eastern
øverst ['ø:verʃt] on top, uppermost
ei **øy**, *def.* **øya** island
et **øye**, *pl.* **øyne** eye
et **øyeblikk** moment, instant
***øyeblikkelig** [øyə'blikkəli] instantly, at once, immediately
å *interj.* oh; **å nei** oh my
å (*mark of inf.*) to
en **åker, åkrer** field
åpen, -t, åpne *adj.* open
åpne, -t open; *cf.* **lukke opp**
***ei **åpning** opening
et **år** year
***en **åre** oar
en **ås** ridge, long hill
åt *see* **ete**
åtte eight

NOTES ON SOME ADDITIONAL IDIOMS

Page numbers are in boldface type, line numbers in lightface.

4	5	**og** = **også**
11	2	**at jeg slipper med å stelle ei** that I won't have to take care of more than one
25	9	**slo løs på** hammered away at
27	10	**oftere** again
31	10	**hadde ikke gjort noe** hadn't made any difference
33	8	**tenkte jo ikke på at det var ingen mindre** didn't realize that it was none other
	19	**i barns sted** as their own child

34	5	**på egen hånd** on her own responsibility
36	29	**fra først av** from the start
37	14	**langt ute** distant
40	9	**i mange år** for many years
	11	**nokså lite** not very much
41	25	**nærmere kjent** more closely acquainted
	30	**hendelsen** *see page 34*
42	1	**hendelsen vel** the accident of course
	27	**i så måte** in that respect

	34	**smakte maten** did the food taste good
43	21	**drog av** marched off
45	30	**til å ta av** to be taken off
47	5	**slippe** avoid
52	1	**røret** the trumpet
54	15	**gikk løs på** attacked
55	26	**pikene** the maids
59	4	**oppå** on top of
62	32	**ikke for det** for that matter
63	32	**om han nå** even if he
65	28	**ha dere opp i** climb on
75	26	**gå i land** land
76	19	**blir ikke filla igjen** won't be a grease spot left
81	5	**midt mens** right while
82	31	**trippet** stalked
83	9	**holdt ord** kept his word
85	1	**den slekta** that family
	4	**tør ikke annet** don't dare do otherwise
	6	**se godt etter** see to it
87	2	**tok seg opp til** moved his hand up to
89	7	**nokså ofte** quite often
91	27	**ser man det** you see
97	15	**tok han det igjen** he took it out
98	1	**hadde det enda ventet til over mandag** if only it had waited till after Monday
	4	**gjøre det riktig svært** make a big haul
	11	**på lukta** by the smell
99	19	**flyttet han på** he moved
	20	**det passet godt** just as he had expected
	30	**visste ikke ordet av** before he knew it
100	11	**ikke for det** for that matter
	24	**skura** the shower
101	6	**passe seg for å** be careful not to
	8	**mening** purpose
102	3	**verdt** worth while
104	21	**som sagt** as I said
106	14	**så å si** so to speak
	27	**far vi til å** we'd better start to
108	3	**et gammelt ord** an old saying
110	1	**lite å bite i** not much to eat
113	32	**ikke å be for** no use asking
116	19	**som fanter flest** like most tramps
117	5	**den som mye har sett** he who has seen a lot
118	14	**sjølve kongen** the king himself
	30	**hun med** she too
123	21	**tar vinteren i bruk** make use of winter
124	18	**skal de kunne** if they shall be able to
126	30	**la det pent sammen** folded it nicely
129	10	**skulle værsgod** had better
131	3	**å løpe på** of skiing
136	29	**nå var det ikke mer enn** it was so little
137	31	**tett som veggen** solid as a wall
138	24	**stod her på** (the storm) blew
139	9	**sovet ut** slept himself out
	20	**fikk såvidt drevet** just barely got (the boat) driven
146	2	**ellers** anyway
150	20	**Ikke før . . . så** no sooner . . . than
151	11	**fram for seg** in front of him
153	25	**stenge** close
154	21	**like godt** just as well
161	17	**skulle videre** were on their way
	20	**hver enkelt vogn** each single wagon
163	8	**altsammen** the whole lot of them
165	23	**sa fram** spoke, recited